L'Armure du Tempérant

» RAPPORTS «

PRÉSENTÉS

A LA VII° ASSEMBLÉE BISANNUELLE

DE LA

SOCIÉTÉ FRANÇAISE DE TEMPÉRANCE

DE

LA CROIX-BLEUE

DU 19 AU 23 OCTOBRE 1905

A

ROUEN

PARIS

AGENCE DE LA SOCIÉTÉ FRANÇAISE DE TEMPÉRANCE

DE LA « CROIX-BLEUE »

43, RUE DES SAINTS-PÈRES, 43

1905

AGENCE

de la Société Française de Tempérance de la « Croix-Bleue »

33, Rue des Saints-Pères, Paris

Et toutes les publications antialcooliques en langue française.

Le vin est moqueur, les boissons fortes sont tumultueuses. Quiconque en fait excès n'est pas sage. (Proverbs, XX, 1.)

Si ton œil droit est pour toi une occasion de chute, arrache-le et jette-le loin de toi, car il es. avantageux pour toi qu'un seul de tes membres périsse et que ton corps entier ne soit pas jeté dans la géhenne. (Matthieu, V, 29.)

Ne faites rien qui soit pour votre frère une pierre d'achoppement ou une occasion de chute. (Romains, XIV, 13.)

Ne vous enivrez pas de vin, dans lequel il y a de la dissolution, mais soyez remplis de l'Esprit. (Éphésiens, V, 18.)

La Société Française de Tempérance de la Croix-Bleue a pour but principal de travailler, avec l'aide de Dieu et de sa Parole, au relèvement des victimes de l'intempérance.

Convaincue par l'expérience que le renoncement absolu à toute boisson enivrante est, avec l'aide de Dieu, le meilleur et le plus sûr moyen de guérir les buveurs, la Société exige de ses membres et adhérents l'abstinence complète de toute boisson enivrante, sauf usage religieux ou prescription médicale. Elle n'entend cependant pas condamner par là l'usage strictement modéré des boissons fermentées, chez ceux qui ne font pas partie de la Société.

Nous recommandons l'abstinence totale :

1° Aux *buveurs* qui veulent s'affranchir de leur passion, l'abstinence totale leur étant plus facile à observer que la modération, devenue presque impossible pour eux.

2° A ceux *qui sont exposés à le devenir*, soit par suite d'hérédité, soit à cause des tentations spéciales qui peuvent résulter pour eux du milieu où ils vivent (profession, entourage, tempérament, etc.) ;

3° Aux *personnes dévouées* et disposées à renoncer à l'usage des boissons alcooliques, pour montrer aux buveurs qu'on peut s'en passer, et pour les encourager, par l'exemple, à s'abstenir eux-mêmes.

. . . .

Formule d'engagement

« Je promets, avec l'aide de Dieu de m'abstenir pendant .... , à partir d'aujourd'hui, de toute boisson enivrante, sauf usage religieux ou ordonnance médicale. »

A détacher et à envoyer à M. V. Broux, agent général de la Société Française de Tempérance de la Croix-Bleue, 59, Boulevard du Lycée, Vanves-Seine.

L'ARMURE DU TEMPÉRANT

L'Armure du Tempérant

›› RAPPORTS ‹‹

PRÉSENTÉS

A LA VIIᵉ ASSEMBLÉE BISANNUELLE

DE LA

SOCIÉTÉ FRANÇAISE DE TEMPÉRANCE

DE

LA CROIX-BLEUE

DU 19 AU 22 OCTOBRE 1905

A

›› ROUEN ‹‹

PARIS

AGENCE DE LA SOCIÉTÉ FRANÇAISE DE TEMPÉRANCE
DE LA « CROIX-BLEUE »
33, RUE DES SAINTS-PÈRES, 33

—

1906

Le possédé guéri

SERMON

Prêché au Temple de Rouen le 22 Octobre 1905
Par le Pasteur Jean MEYER, de Paris

Ils arrivèrent de l'autre côté de la mer, dans la contrée des Gadaréniens. Et aussitôt que Jésus fut descendu de la barque, un homme qui était possédé d'un esprit immonde sortit des sépulcres, et vint au-devant de lui. Il faisait sa demeure dans les sépulcres, et personne ne le pouvait tenir lié, pas même avec des chaînes, car souvent, ayant les fers aux pieds, et étant lié de chaînes, il avait rompu les chaînes et brisé les fers ; et personne ne pouvait le dompter. Et il demeurait continuellement, nuit et jour, sur les montagnes et dans les sépulcres, criant et se meurtrissant avec des pierres. Quand il eut vu Jésus de loin, il accourut et se prosterna devant lui ; et il dit, criant à haute voix : « Qu'y a-t-il entre toi et moi, Jésus, Fils du Dieu très-haut ? Je te conjure, par le nom de Dieu, de ne pas me tourmenter ». Car Jésus lui disait : « Esprit immonde, sors de cet homme. » Et Jésus lui demanda : « Comment t'appelles-tu ? » Et il lui répondit : « Je m'appelle Légion, car nous sommes plusieurs. » Et il le priait fort de ne le pas envoyer hors de cette contrée.

Or, il y avait là, vers les montagnes, un grand troupeau de pourceaux qui paissaient. Et tous ces démons le priaient en disant : « Envoie-nous dans ces pourceaux, afin que nous entrions en eux. » Et aussitôt Jésus le leur permit. Alors ces esprits immondes, étant sortis, entrèrent dans les pourceaux ; et le troupeau se précipita avec impétuosité dans la mer, et ils se noyèrent dans la mer : or, il y en avait environ deux mille. Et ceux qui paissaient les pourceaux s'enfuirent, et portèrent les nouvelles dans la ville et par la campagne.

Alors le peuple sortit pour voir ce qui était arrivé ; et ils vinrent vers Jésus, et virent celui qui avait été possédé de la légion, assis, habillé, et dans son bon sens ; et ils furent remplis de crainte. Et ceux qui avaient vu le fait, leur racontèrent ce qui était arrivé au démoniaque et aux pourceaux. Alors ils se mirent à le prier de se retirer de leurs quartiers. Et quand il fut entré dans la barque, celui qui avait été possédé le pria de lui permettre d'être avec lui. Mais Jésus ne le lui permit pas, et il lui dit : « Va-t'en dans ta maison vers tes parents, et raconte-leur les grandes choses que le Seigneur t'a faites, et comment il a eu pitié de toi. » Et il s'en alla, et se mit à publier dans le pays de Décapolis les grandes choses que Jésus lui avait faites ; et ils étaient tous dans l'admiration.

Marc 5, v. 1-20.

Je connais peu de récits évangéliques qui soulèvent plus de questions et de questions plus difficiles à résoudre que celui dont vous venez d'entendre la lecture. D'autre part les enseignements renfermés dans cette histoire répondent si parfaitement aux préoccupations qui nous ont amenés dans cette ville et nous réunissent encore dans ce temple, que vous me pardonnerez, j'en suis sûr, de passer sur les problèmes posés par notre texte, pour fixer simplement vos regards sur cet émouvant tableau et recueillir avec vous les leçons qu'il nous offre.

Nous considérerons d'abord *l'homme atteint d'un mal horrible* — puis *le libérateur qui vient à lui* — enfin nous parlerons de *ceux que le libérateur veut associer à son œuvre de relèvement.*

L'homme atteint d'un mal horrible. Celui de notre texte, l'évangéliste nous le montre « possédé d'un esprit immonde », et nous décrit son mal en des termes si précis et qui s'appliquent si exactement à l'alcoolique qu'on pourrait se demander si cet homme n'en était pas un.

Il est impossible, vous le savez, d'exagérer les ravages causés par l'alcoolisme, et notre pays, hélas! en souffre plus qu'aucun autre. Partout le fléau se montre à nous. Comme une marée infernale il s'étend, il monte, il inonde nos rues et nos ateliers, il remplit nos hôpitaux, nos asiles d'aliénés, nos prisons; il consume les forces vives de la race. Si Dieu et les hommes n'y mettent ordre (car le salut ici dépend des hommes comme de Dieu), c'est la ruine à bref délai, la mort! Il y a quelques jours, dans notre capitale, se réunissait un Congrès de la tuberculose. Aux premiers rangs des causes qui la produisent, avant le surmenage industriel ou intellectuel, avant la surpopulation des villes, avant les logements malsains, avant tout le reste, on a signalé l'alcoolisme, l'empoisonnement des classes populaires et, dans une mesure plus ou moins grande, de la bourgeoisie par l'alcool.

Si tout cela s'applique à notre pays dans son ensemble, cela est particulièrement vrai de cette belle province de Normandie, « l'un des joyaux de la couronne de France », comme l'on disait autrefois. Lorsqu'on vient en chemin de fer de Paris à Rouen, quelques minutes avant d'arriver, tout à coup, l'on découvre un magnifique spectacle: entre des collines couvertes de verdure et de maisons de campagne, sur les rivages de la Seine, la ville apparaît, avec la flèche et les tours de sa cathédrale, les clochers de ses merveilleuses égli-

ses, ses vastes édifices; et une vision se lève
devant vos yeux, la vision de la Normandie elle-
même, la terre riche et plantureuse, aux
herbages couverts de troupeaux, aux côtes largement étendues sur les bords de la mer. Là vivait
autrefois un peuple robuste et hardi; ils ont
conquis l'Angleterre, ils sont allés, par delà
l'Océan, fonder au Canada les premières colonies
européennes. La vision se lève devant vos yeux;
mais bientôt elle s'obscurcit, elle se couvre d'un
nuage sombre; un fléau mortel détruit ici la
population — il y a des cantons en Normandie
qui ne fournissent plus de conscrits — il menace
l'industrie, paralyse le commerce, tue l'esprit
d'entreprise...

Peut-être voudriez-vous oublier ces choses très
tristes, mais elles vous obsèdent. Subitement, sur
votre route, les faits sont là dans leur réalité, les
cas individuels dans leur horreur; vous vous
trouvez face à face avec l'alcoolique. C'est, après
tout, à cette vue du mal individuel que nous
convie notre texte. Oui, c'est bien l'image de
l'alcoolique, cet homme qu'on ne peut tenir lié
même avec des chaînes, que personne n'est capable
de dompter, la terreur de son voisinage et son propre bourreau; lui-même se déclare possédé d'une
légion de démons, ils le poussent à tous les
crimes, à toutes les infamies. Des souvenirs, tandis que je parle, mes frères, se présentent à
votre esprit, des scènes vues, vécues peut-être.
Voici un homme qui, dans un accès de fureur,
jette sa femme par la fenêtre. En voilà un autre
qui, dans la folie de l'ivresse, tue femme et

enfants à coups de revolver ; il les aimait cependant, et lorsqu'il revient à lui, il veut, dans son
désespoir, se tuer lui-même. J'ai récemment entendu raconter l'histoire d'un homme qui se cou-
chait avec un rasoir sous son oreiller ; il le mon-
trait à sa femme et l'avertissait : « Tu sais, c'est cette
nuit que je te fais ton affaire ! » J'ai connu moi-
même un ouvrier, grand, fort, très habile dans sa
partie, qui me disait ses sensations après avoir avalé
dix-sept absinthes dans la même journée ; il a
maltraité sa femme au point qu'elle s'est enfuie de
chez lui, il la traînait par les cheveux dans la
chambre, si j'ai bon souvenir, et pourtant, autrefois, ils s'étaient aimés ; avant leur mariage, dans
leur pays, au travail des champs, ils rivalisaient
ensemble, à qui enlèverait le plus de besogne ;
c'était une idylle ; pauvres gens ! Et des faits
comme ceux-là, on en pourrait citer par milliers,
ici à Rouen, à Paris, ailleurs, partout en France.
C'est affreux, affreux !

Notez que le mal dont il s'agit, n'est pas purement physique ; c'est une maladie morale, une
maladie volontaire. On se représente en général
l'alcoolique comme un être incapable de bons
sentiments, de remords, une brute inconsciente
qui se vautre dans la boue et parfois dans le sang.
En beaucoup de cas, c'est vrai, mais, ailleurs,
quelle souffrance ! Voyez le possédé de notre récit.
Dès qu'il aperçoit Jésus de loin, le malheureux
court à sa rencontre, il se jette à ses pieds : Ah !
le libérateur qui est là ! Mais aussitôt le démon
reprend le dessus, il repousse le secours qui lui
est offert. N'est-ce pas l'histoire effrayante de

certains alcooliques ? Ils ont horreur de leur mal,
ils aspirent au salut, à la délivrance d'une passion qui les abrutit, qui les torture, qui les tue,
corps et âme, et au premier effort qu'ils font pour
secouer leurs chaînes, ils sont ressaisis par leurs
désirs insensés, ils se remettent à boire avec une
ardeur, une fureur, une frénésie que rien ne
semble pouvoir apaiser. Seules, les confidences
de certains d'entre eux peuvent nous donner une
idée des angoisses de ces infortunés qui veulent
et ne veulent pas, crient à l'aide et se rejettent
désespérés dans un abîme de misères.

Pour un tel mal, y a-t-il un remède ?

Pendant longtemps, dans notre pays en particulier, on a cru qu'il n'y en avait point. On riait
de l'ivrogne, jusqu'à ce qu'on tremblât devant ses
fureurs, mais on pensait : pour des êtres tombés
aussi bas, pour les esclaves de cette passion-là,
pas d'espérance : « qui a bu boira ». Et voici,
pour ce mal comme pour d'autres, pour ce péché
comme pour tous les péchés, l'Evangile tenait en
réserve une grâce, un salut possible ; disons
mieux, pour l'alcoolique comme pour tous les
pécheurs, il nous présente un Sauveur. Jésus-
Christ, celui qui est venu, selon sa propre parole,
« publier la liberté pour les captifs, renvoyer
libres ceux qui sont dans l'oppression, » est le
vrai, *le seul vrai libérateur* de l'alcoolique. Jésus-
Christ chasse les démons.

Oh ! je ne nie pas que certains buveurs aient pu
réussir par eux-mêmes à se modérer ; que par des
soins appropriés, par l'internement en particulier,

d'autres aient été conduits à des résultats semblables. Mais, avouez-le, c'est l'exception. La règle,
la voici : la délivrance complète, le renouvellement
radical, la transformation éclatante d'un monstre
en un homme de bien, utile à ses semblables,
aimé d'eux autant qu'il était auparavant redouté,
de telles guérisons, il n'y a que Jésus-Christ qui
les opère !

Voyez plutôt, dans notre récit, la contrepartie
de l'effroyable description de tout à l'heure. Le
démoniaque a couru vers Jésus-Christ, puis il le
repousse : « Je te conjure par le nom de Dieu de
ne pas me tourmenter » ! Mais Jésus parle, il
commande au mauvais esprit : « Sors de cet
homme » ! et, tandis que le possédé, il n'y a
qu'un instant, errait sans vêtements, était la terreur du pays et se meurtrissait lui-même avec
des pierres, le voici maintenant aux pieds de
Jésus, « assis, habillé et dans son bon sens. » Il
me semble le voir, pâle encore et brisé par la crise
qu'il vient de traverser ; il a peine à se recon-
naître, à se retrouver lui-même, et pourtant il
naît à une vie nouvelle, il est dans la joie, dans le
ravissement de la délivrance. Et je crois voir aussi
quelqu'une des victimes de l'alcoolisme, un être
sale, déguenillé, abruti, repoussant, je crois le
voir affranchi de son odieuse passion.

Il en est de ces libérés, qui, dès qu'ils ont été
touchés par la grâce divine, d'un coup, d'un saut
passent de leur vie ancienne dans la vie nouvelle,
et peuvent entonner sans délai le chant de la victoire. Mais combien il en est qui ne brisent leurs
chaînes qu'au travers d'une lutte terrible ; torturés

jour et nuit par une soif ardente, inextinguible,
ils traversent une véritable agonie, ils craignent
d'y succomber ; mais Dieu est là, le Dieu de la
miséricorde, qui les soutient, et lorsqu'il les
conduit enfin à la délivrance eux aussi, leur
triomphe paraît grandi de leurs souffrances passées,
et leur joie s'accroit de toutes les détresses qu'ils
ont endurées !

Et maintenant, mes frères, ce qu'il y a de mer-
veilleux dans cette œuvre de délivrance, c'est que,
pour l'accomplir, Dieu veut se servir d'hommes
comme vous et moi, il veut *nous associer à son
activité.*

Sans doute, lorsqu'il lui plaît, il agit directement sur les âmes ; mais, en règle générale, c'est
par notre moyen qu'il le fait, il nous emploie
comme ses ouvriers. C'est ainsi que, pour sauver
des buveurs, il a daigné se servir de la Société de
la *Croix Bleue.* Nous savons que, tant à l'étranger
qu'en France, d'autres à côté de nous luttent
contre l'intempérance, et nous n'avons garde
d'ignorer ni de déprécier leur travail ; le mal,
hélas, est assez grand pour occuper tous les
hommes de bonne volonté. Mais, tandis que les
autres sociétés se proposent en général une œuvre
préventive, le caractère spécial de la *Croix Bleue* —
j'y insiste pour le cas où quelqu'un ici l'ignorerait
encore — c'est qu'elle a en vue le relèvement des
victimes de l'alcoolisme. Elle compte, pour y
parvenir, d'abord et par-dessus tout, sur le secours de Dieu — nous croyons qu'aujourd'hui
encore Jésus-Christ, présent parmi nous, opère

des miracles — puis, elle a pour principe l'abstinence totale de toute boisson alcoolique ; nous ne
condamnons pas l'usage modéré du vin, mais l'expérience a prouvé que, en règle générale, pour
guérir un buveur, il faut l'abstinence totale, et il
est naturel que ceux qui veulent travailler à cette
œuvre de relèvement donnent l'exemple de ce
sacrifice très léger. Fondée en 1877, la Société de
la *Croix Bleue* comptait, au dernier recensement,
tant à l'étranger que dans notre pays, plus de
45.000 membres dont plus de 12.000 buveurs relevés ; en France 3.000 membres dont un millier de buveurs relevés. Pesez ce que signifient ces chiffres :
12.000 buveurs relevés, et dites s'il ne vaut pas la
peine de s'associer à un tel travail !

Je songe à tous ceux que le Seigneur voudrait
employer ou emploie déjà à cette œuvre magnifique.

1" Permettez-moi de m'adresser directement
tout d'abord *à vous, mes chers frères, qui ne
faites pas partie — pas encore — de notre société.*
Vous ne ressemblez pas, je m'assure, à certains
personnages de notre récit, les habitants du pays
où Jésus avait opéré le miracle. Leur attitude est
odieuse. Ils ont appris ce qui s'est passé, et dès
qu'ils rencontrent Jésus, ils le prient de quitter la
contrée. Cependant, à la vue du démoniaque
guéri, partageant la joie de sa délivrance et reconnaissants d'être délivrés eux-mêmes d'un perpétuel
danger, ils auraient dû bénir le Sauveur et tout
faire pour le retenir au milieu d'eux. Mais non,
cette intervention extraordinaire les a dérangés de
leurs habitudes, ils en sont effrayés ; puis il y a

les deux mille pourceaux noyés, une grosse perte ;
conclusion : ils signifient à Jésus : « Va-t-en » !...
Que c'est bien l'image de certains hommes ! Parlez-
leur de miracles opérés par la grâce de Dieu,
d'êtres misérables, malheureux, malfaisants, devenus des hommes excellents, de péagers devenus
des amis de Jésus comme au temps de l'Évangile ;
et, comme les pharisiens d'alors, ils en sont irrités,
ils ne craindront même pas de parler des dom-
mages subis par certains commerces florissants, du
fait des Sociétés de tempérance ; ces Sociétés les
agacent, qu'on ne leur en parle plus ! entre le
démoniaque et les pourceaux d'une part, et, de
l'autre, Jésus, Jésus qui guérit, qui délivre, qui
sauve les âmes, ils opteront sans hésiter pour le
démoniaque et les pourceaux. C'est fou, c'est criminel, mais cela est.

Vous mes frères, à qui je parle spécialement en
cet instant, vous n'êtes pas de ceux-là. Votre
présence ici nous le prouve ; vous vous intéressez
à la cause pour laquelle nous combattons. Mais
si belle que soit cette cause, vous n'êtes pas entrés
encore dans nos rangs ; vous approuvez, vous admi-
rez peut-être, mais vous ne vous êtes pas engagés.
Pourquoi ? Oh, les motifs ne manquent pas : les
hésitations qu'on éprouve tout naturellement à se
compromettre dans une entreprise discutée, dé-
testée même par certaines gens, à prendre posi-
tion vis-à-vis de ces adversaires, à servir de cible
à leurs plaisanteries ; puis la gêne que cause tout
engagement, tout sacrifice, même très léger, de sa
liberté ; enfin vous n'avez pas besoin d'un tel engagement pour vous-mêmes, vous êtes sobres ; toute

cette affaire ne vous regarde en rien... En êtes-
vous bien sûrs? Il fut un temps où l'horrible fléau
qui nous occupe n'était pas, tant s'en faut, dans
notre pays ce qu'il est aujourd'hui ; mais quand
le mal est là sous vos yeux, sous vos pas, à chaque
pas, avec ses victimes, suivrez-vous l'exemple du
sacrificateur et du lévite dans une parabole bien
connue de notre Sauveur ; passerez-vous insen-
sible à côté du blessé couché dans son sang sur
votre route, et, vous chrétiens, laisserez-vous le
soin de vous remplacer au Samaritain, à des gens
qui ne se réclament pas de votre foi, à des libres-
penseurs ? Peut-être y a-t-il, précisément pour
vous qui m'écoutez en ce moment, pour vous
chef d'industrie ou simple employé, officier de
notre armée ou négociant, une œuvre à faire, un
exemple à donner qui venu de votre part serait
d'un très grand effet ; et cette œuvre ne vous
demanderait une grande dépense ni de temps ni
d'argent, mais seulement un peu de courage, un
peu de foi, un peu d'amour pour des êtres pas très
aimables sans doute, mais que Jésus-Christ a ra-
chetés par son sang comme vous-mêmes ! Décidez-
vous, et j'ose affirmer que si vous entrez dans la
lutte avec tout votre cœur, vous ne le regretterez
jamais ; une fois de plus se vérifiera cette loi du
monde moral, qu'en cherchant à faire du bien à
d'autres, vous en recueillez tout d'abord pour
vous-mêmes !

2º Quelques mots seulement *à vous qui êtes
déjà membres de la Société de la Croix Bleue*, qui,
obéissant à l'appel du Maître, êtes entrés dans
notre Société par compassion pour les victimes de

l'alcoolisme. Notre tâche est infiniment difficile,
parfois on serait près de perdre courage. Gardons-
nous de le faire. Je vous rappelle la parole du
Seigneur : « cela est impossible aux hommes,
mais tout est possible à Dieu. » C'est avec lui
qu'il faut aller joyeusement en avant et se préparer
pour de nouvelles victoires. J'ai cherché si je ne
vous trouvais pas quelque part dans le récit de
notre texte. Je vous ai reconnus dans les disciples
qui accompagnent notre Sauveur et qui, témoins
de son miracle, témoins silencieux, mais émus,
mais émerveillés, contemplent leur Maître, s'absor-
bent dans cette contemplation, et se fortifient
ainsi pour le jour où le Seigneur les enverra eux-
mêmes chasser les démons en son nom ; pour ces
jours plus glorieux encore où, lui parti, ils devront par la puissance de son Esprit, accomplir,
suivant sa promesse, des œuvres plus grandes
que les siennes. Oui, les yeux sur lui, dans la reconnaissance de ce qu'il a déjà fait par notre moyen,
et dans la confiance qu'il peut, lorsqu'une nouvelle Pentecôte aura lui pour nous, opérer de plus
grandes choses encore par notre faiblesse.

3° Enfin, avant de finir, je m'adresse encore
*à vous, mes chers frères, qui devez à la Croix-Bleue
votre relèvement.* Le devoir pour vous est claire-
ment tracé par notre texte. Lorsque Jésus, chassé
par les gens de Gadara, remonta dans la barque
qui l'avait amené, l'homme guéri se trouvait là ;
il aurait voulu partir avec son Sauveur. Et comme
nous le comprenons ! A peine né à la vie nouvelle, il est semblable à une faible plante qui
aurait besoin d'un tuteur ! Jésus pourtant en juge

autrement : « Va-t-en dans ta maison, lui dit-il, vers tes parents, et raconte-leur les grandes choses que Dieu t'a faites et comment il a eu pitié de toi. Et cet homme s'en alla et se mit à publier dans la Décapole les grandes choses que Jésus lui avait faites et tout le monde était dans l'admiration. »

Cela peut surprendre, mais cela est un fait : il n'y a pas de plus puissants témoins de l'Evangile et de sa vertu que ceux qui, étant tombés le plus bas, ont été relevés par un plus grand miracle ; et de même, il n'y a pas de plus éloquents missionnaires de la *Croix-Bleue* que les victimes de l'alcoolisme sauvées par elle. Oh ! sans doute, il faut féliciter les hommes qui, privilégiés de la grâce divine, gardés par elle dans leur enfance, gardés dans leur jeunesse, gardés dans leur âge mûr, peuvent jeter les yeux sur leur passé et bénir Dieu de leur avoir épargné les chutes scandaleuses, — oui, gloire à Dieu qui nous a préservés ! — mais pour les grands pécheurs, sauvés par Jésus-Christ, il y a un autre privilège, une sorte de compensation réservée par la bonté de Dieu, c'est que nul ne pourra rendre témoignage avec plus de force, plus d'autorité de ce qu'accomplit la miséricorde de Dieu. Ils n'ont qu'à dire : voilà ce que j'étais, voici ce que je suis aujourd'hui. Il n'y a pas besoin de grands discours, inutile de monter en chaire ; gardez-vous, mes amis, de vous glorifier, — il y a des hommes qui se glorifient même dans le récit de leur ignominie passée — ce serait fatal pour vous, et nous ne saurions oublier que certains relèvements magnifiques ont été suivis, hélas ! de

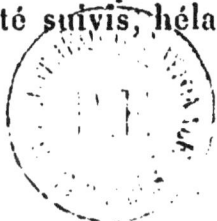

rechutes lamentables. Restez humblement dans le sentiment de votre péché, rappelez-vous toujours que vous ne pouvez rien, que vous n'êtes rien que par Jésus-Christ et alors, simplement, sans crainte, dans votre atelier comme dans votre famille, dans un salon ou dans la rue, dites les grandes choses que le Seigneur a faites pour vous, et à votre occasion aussi l'on pourra répéter : « Tous étaient dans l'admiration. » Pour moi, je le déclare, je me suis senti remué jusqu'aux larmes en écoutant tels d'entre vous ; j'ai compris que le temps des miracles n'était pas passé et qu'aujourd'hui comme autrefois Jésus-Christ était toujours puissant pour sauver les plus perdus d'entre les hommes !

Que lui-même veuille nous le prouver encore et toujours plus par le moyen de la *Croix-Bleue,* à nous et à ce monde incrédule qui nous entoure ; qu'il daigne, à la suite des jours qui nous ont réunis dans cette ville, accorder de nouveaux progrès à notre chère Société. Et, puisqu'il se charge volontiers de payer les dettes de ses enfants, qu'il veuille aussi, nous le lui demandons d'une manière spéciale, vous bénir, vous qui nous avez reçus et entourés ici de votre affection, vous bénir dans vos personnes, dans vos familles, dans votre Eglise. Qu'il en soit ainsi. Amen !

La Psychologie du Buveur

~~~~~~~

RAPPORT

Présenté par M. le Pasteur DIETERLEN

Président de la « Croix-Bleue »

AU VIIe CONGRÈS NATIONAL DE ROUEN, 19-22 OCTOBRE 1905

———————

Les placards antialcooliques qui ornent les murailles de nos salles de tempérance, présentent aux regards des visiteurs des images qui les renseignent et, au besoin, les troublent salutairement au sujet des ravages exercés dans l'organisme humain par l'abus des boissons enivrantes. Telle planche expose à côté du cerveau de l'homme sain celui de l'alcoolique, telle autre expose les reins, telle autre l'estomac, telle autre les poumons du buveur, et les déformations meurtrières opérées par le poison apparaissent aux yeux du spectateur et font sur lui plus d'impression que beaucoup de discours et de conférences.

Je voudrais essayer un travail analogue au point de vue psychologique, et tenter pour l'âme du buveur ce que d'autres font pour son corps. A côté des ravages accomplis dans les reins, le foie, les poumons de l'alcoolique, je voudrais exposer et dénoncer ceux que l'ivrognerie produit dans l'intelligence, dans la sensibilité, dans la volonté, en un mot, dans l'âme de l'homme. Cet examen poursuit un double but : En montrant le dommage causé dans ce que l'homme a de plus précieux, je voudrais fortifier sa haine contre l'alcool et amener sa résolution de n'y plus toucher. Il me semble ensuite que l'étude des maux engendrés dans l'âme par l'alcool nous éclairera en quelque mesure sur les meilleurs remèdes à y appliquer, et que, mieux instruits des lésions et des déformations qui la font souffrir, nous saurons mieux ce qu'il faut faire pour la sauver.

Je crois devoir ajouter que n'étant ni psychologue, ni aliéniste, je demande d'avance pardon aux psychologues et aux aliénistes pour toutes les hérésies et pour toutes les erreurs que je vais infailliblement commettre en touchant à cette matière complexe et délicate. Je dirai les observations que j'ai faites et les réflexions qu'elles m'ont suggérées; mais je ne prétends nullement faire ici la psychologie complète du buveur.

Ce que je relèverai concerne naturellement le buveur arrivé à un degré d'alcoolisme assez avancé; je vise ce qu'on pourrait appeler le buveur authentique et complet; toutefois une bonne partie des observations qui vont suivre s'appliquera, je le crains, à nombre d'hommes qui, sans se croire alcooliques, le sont déjà, ou du moins risquent de le devenir.

Quelques mots très brefs sur la psychologie de l'homme sain, quelques mots plus étendus sur la psychologie du buveur, quelques mots sur les meilleurs moyens de ramener le deuxième à l'état du premier, c'est tout le plan de cette étude.

I

Je dirai très peu de chose de la psychologie de l'homme normal. Elle est assez connue pour me dispenser d'une étude à part. Je me borne à rappeler que ce qui caractérise l'homme normal, ce n'est pas seulement qu'il possède toutes les facultés constituant l'âme humaine, c'est encore que toutes ces facultés sont chez lui *équilibrées*. Il ne suffit pas, pour qu'il soit en bon état, qu'un homme ait une intelligence, une mémoire, une imagination, une volonté, etc., il faut encore que chacune de ces facultés occupe, dans l'ensemble, la place qui lui revient et ne soit ni exagérée, ni diminuée.

La solidité de l'âme de l'homme rappelle un peu celle des cathédrales, laquelle résulte non seulement de la qualité des matériaux employés, mais encore de l'équilibre de toutes les parties. On sait que le principe qui a présidé à l'édification de nos églises ogivales, c'est la résistance opposée par les arcs-boutants à la poussée des voûtes. L'art des pieux architectes du xiii° siècle a tout simplement consisté à calculer cette résistance et à réaliser entre les deux poussées contradictoires un équilibre parfait.

Il en va de même dans l'âme humaine. A y bien regarder, elle se compose non seulement de forces et de facultés différentes les unes des autres, mais de forces et de facultés qui semblent se contredire, et dont l'opposit on mutuelle, bien pondérée et calculée, produit un équilibre harmonieux et solide.

Par exemple : Dieu a donné à l'homme la confiance afin qu'il pût vivre sans tout comprendre ni
tout vérifier et profiter du travail et de la science
des autres hommes. C'est grâce à la confiance que
moi qui suis un parfait ignorant en électricité, je
fais usage de cette force mystérieuse, que je prends
le métro ou que je lance un télégramme. Mais, si
l'homme n'avait que la confiance, il serait bientôt
dupe de la méchanceté des malins et de l'habileté
des exploiteurs. Aussi, pour contrebalancer la
confiance et l'empêcher de devenir naïveté, Dieu
a donné à l'homme la prévoyance et la méfiance
qui le rendent prudent et l'amènent à vérifier soigneusement ce qui peut et doit être vérifié.

Pareillement, l'humilité et la faiblesse sont ap-
pelées à contrebalancer le sentiment de la personnalité et de la dignité humaine qui, sans elles,
deviendrait orgueil; la générosité doit corriger
les excès de l'économie et vice versa; le sentiment
de la solidarité corrige les exagérations de l'indi-
vidualisme lequel, sans lui, deviendrait égoïsme;
l'intelligence modère l'imagination et l'imagination donne des ailes à l'intelligence; l'héroïsme
corrige les excès de l'instinct de la conservation;
la sobriété ceux de la faim et de la soif et ainsi de
suite... C'est de l'équilibre de toutes ces facultés
diverses que résulte chez l'homme ce qu'on pourrait appeler la santé morale, de telle sorte que
l'homme parfait, c'est un homme bien équilibré.

Il convient d'ajouter que la Providence, en vue
de diversifier les hommes et d'en produire qui
fussent aptes à des tâches différentes, détruit dans
une légère mesure chez tous l'équilibre parfait, en

renforçant un peu, en chacun d'eux, une ou plusieurs facultés. Quand elle veut faire un penseur
ou un calculateur, elle renforce l'intelligence;
quand elle a besoin d'un inspecteur elle augmente
la méfiance; quand elle veut un poète elle exagère
l'imagination; quand elle veut produire un conqué-
rant elle hypertrophie la volonté. L'extrême développement d'une ou plusieurs facultés produit les
génies et les fous qui, les uns et les autres, pourraient être appelés des déséquilibrés, les premiers
grâce à un trouble qui les enrichit, les autres grâce
à un trouble qui les ruine.

Quelques hommes de génie ont eu, dit-on, recours à l'alcool pour exalter leurs énergies et attiser
en eux la flamme divine; il se peut qu'à de certains
moments, ils aient été amenés à confondre l'ivresse
avec l'inspiration; mais il ne semble pas que ce
genre de déséquilibrement soit jamais favorable à
l'éclosion des grandes œuvres, et les faits que je
vais signaler montreront à tous nos candidats au
titre de « surhommes », que l'alcool changera plutôt le génie en folie que la folie en génie.

II

Ceci nous amène à observer l'action de l'alcool
sur une première faculté de l'âme, je veux dire
l'imagination. Nous allons voir comment, en l'exagérant, en l'exaspérant, en l'affolant, il la rend
pernicieuse et transforme en flamme d'incendie la
douce lumière du logis.

Chacun sait que ce qui rend une certaine ivresse

si agréable, c'est précisément qu'elle augmente
l'imagination. Sous l'action du vin, l'homme pauvre se croit riche, et l'ignorant savant ; le plus
empoté est tout-à-coup spirituel, et le bègue
devient éloquent. L'alcool, ce faux-monnayeur,
transforme le cuivre en argent et l'argent en or ;
il augmente la beauté de ce qui est beau et atténue
la laideur de ce qui est laid. C'est pour cela que
certains poètes ont eu recours à l'alcool afin
d'exciter leur verve, c'est pour cela que l'alcool
joue un très grand rôle dans tout ce qui a besoin
du concours de l'imagination et de la passion :
émeutes, grèves, guerre civile !... Il faut faire
boire celui qui doit accomplir un acte de folie,
et si l'on offre un verre de rhum au condamné
à mort, c'est afin que son imagination, aveuglant
son esprit, atténue ce qu'a d'épouvantable la réalité
de sa situation.

Lorsqu'il ne s'agit que d'une ivresse passagère,
l'action de l'alcool sur l'imagination est déjà fà-
cheuse ; mais elle est plus terrible quand ses effets
s'accentuent et se prolongent dans l'alcoolisme
proprement dit !... Contemplez sur l'affiche fameuse
d'Eugène Burnand, cet homme hagard, terrifié,
torturé : Au lieu des murs de l'hôpital, au lieu
des figures familières de sa femme et de ses enfants, il regarde autre chose. L'œil naturel et normal ne voit plus, seul l'œil de l'imagination est
demeuré actif ; mais ce ne sont plus des images
plaisantes et poétiques que rencontre le malheureux
visionnaire ; l'alcool qui jadis lui ouvrait le ciel,
lui ouvre maintenant l'enfer ; la même imagination
qui le faisait poète, le fait maintenant damné ; il

récolte ce qu'il a semé, car si l'ivresse est une
courte folie, on peut dire aussi que la folie est
une longue ivresse !

L'alcool surexcite l'imagination.

Ce fait va nous aider à élucider, en passant, un
problème qui m'a souvent tourmenté. Si quelqu'un
demandait quels sont, de tous les Français, les
plus religieux, on répondrait : « les Bretons » et si,
immédiatement après, quelqu'un demandait quels
sont, de tous les Français, les plus ivrognes, on
devrait répondre : « les Bretons ». Les Bretons
sont donc à la fois très religieux et très ivrognes.
Voilà une coïncidence qui n'est pas pour réjouir
les amis de la religion et qui pourrait bien servir
d'argument contre elle. Chose grave, il n'y a pas
seulement là une simple coïncidence déjà déconcertante par elle-même; mais on constate, au moins
chez les Bretons, une sorte d'alliance ou, tout au
moins, d'entente cordiale entre la piété et l'ivrognerie, puisque c'est dans les fameux « pardons »
que triomphent en même temps, m'affirme-t-on,
la religion et l'intempérance !

La religion ne serait donc pas une ennemie de
l'alcoolisme et l'alcoolisme ne serait donc pas un
ennemi de la religion? Je réponds : cela peut être...
en Bretagne. Mais pour comprendre la possibilité
d'une alliance aussi monstrueuse, il faut se rappeler
ce qu'est, au fond, la religion de beaucoup de Bretons. Je ne crois pas être injuste à son égard en
disant qu'à côté de l'or pur de christianisme authentique qu'a conservé le catholicisme breton, il
y entre un coefficient, plus considérable qu'ailleurs,
de superstitions et de rêves. L'intelligence et la

conscience, la réflexion et la critique ne jouent presqu'aucun rôle dans cette piété naïve ; par contre, l'autorité d'une part, la soumission aveugle de l'autre, la sensation et surtout l'imagination y sont prépondérantes. C'est peut-être pour cela que l'alcoolisme peut, en Bretagne, faire bon ménage avec la religion et qu'on a pu affirmer que les Bretons sont à la fois le peuple le plus religieux et le plus ivrogne.

Qu'une autre religion, je veux dire un catholicisme différent, qu'une religion de conscience éclairée et de libre volonté luise sur la Bretagne, nous verrons disparaître la touchante et déconcertante union qui y règne ; l'alcoolisme, comme c'est son vrai rôle, y combattra la religion, et la religion, comme c'est son devoir, y combattra l'alcoolisme.

Observons maintenant l'action de l'alcool dans un autre domaine de l'âme humaine, je veux dire *le sentiment de la personnalité*. Nous ferons, à cet égard, une observation assez curieuse, à savoir que l'alcoolisme en la détruisant d'un côté, en l'exagérant d'un autre, le disloque et le rend difforme.

Le sentiment de la personnalité est constitué chez l'homme, par l'équilibre de deux forces contraires : l'égoïsme et l'altruisme, la conscience de ses droits et celle de ses devoirs, ou encore le sentiment de sa dignité et le sentiment de son indignité. L'homme véritable est à la fois fier et humble, préoccupé et dépréoccupé de lui même, plein du sentiment de sa valeur en tant que créature divine et de celui de son indignité en tant que pécheur.

L'équilibre de ces deux sentiments constitue la noblesse et la vraie beauté de l'homme normal.

Voyons maintenant ce que l'alcool fait de ce sentiment : *il le déséquilibre en fortifiant ce qui devrait être affaibli et en affaiblissant ce qui devrait être fortifié.* Ce qui doit être fortifié chez l'homme, c'est le sentiment de sa dignité, de la noblesse de son origine et des obligations qui en découlent. Cette dignité fière, la boisson la détruit. Le buveur signe sa déchéance, est la risée de tous ; il accepte son esclavage, son abjection, la malpropreté de sa tenue et celle de son âme. Il ne rougit pas d'être une loque humaine : il a perdu tout respect de lui-même.

Cette déchéance lui inspire-t-elle au moins un peu d'humilité ? C'est ici le côté surprenant de l'action de l'alcool sur l'âme du buveur. Tout en affaiblissant en celui-ci ce qui devrait être fortifié, il fortifie ce qui devrait être affaibli. L'ivrognerie qui détruit la dignité de l'homme, exalte son orgueil, et c'est une chose lamentable de voir ce misérable, toujours plus déchu et toujours plus indigne, devenir chaque jours plus vaniteux, plus égoïste, plus exigeant... Orgueilleux dans sa déchéance, il fait penser à ces fous qui, vêtus de haillons, mettent sur leurs pauvres têtes des couronnes de papier.

Venons à la faculté maîtresse : *l'intelligence.* Faculté divine entre toutes, peut-on dire, puisque c'est elle qui nous fait désirer, aimer et trouver la vérité. L'intelligence élève l'homme au-dessus de toute autre créature et révèle sa parenté avec Dieu, puisque Dieu est vérité. Ce qu'il y a de particulièrement divin dans l'intelligence, ce n'est pas seulement la connaissance, c'est le respect et l'amour de la vérité.

Quelle est l'action de l'alcool sur l'intelligence? Je n'ai pas besoin d'insister sur le fait qu'il finit toujours par la diminuer et l'atrophier. Ceci est constant. Mais ce qui est moins observé et encore plus réel, c'est l'action meurtrière de l'alcool sur l'amour et le respect de la vérité : l'alcool ne fait pas nécessairement des inintelligents, il fait toujours des menteurs.

A première vue, ce n'est pas le cas. Les Anglais ont un proverbe qui dit : Wine in, truth out ». Voulez-vous décider un homme à dire la vérité? Faites-le boire; quand il ne sera plus complètement maître de lui-même, l'envie de parler lui fera lâcher toutes les confidences que sobre il aurait retenues. Cela n'est que trop vrai : l'homme ivre n'est plus en état de maîtriser sa langue et de garder ses secrets; mais si le buveur dit la vérité, ce n'est pas que l'alcool ait augmenté sa sincérité, c'est seulement qu'il a diminué sa prudence. Ce qu'inspire la boisson, ce n'est pas l'amour et le respect de l'homme pour le vrai, c'est son imprévoyance et sa légèreté; aussi on aurait tort de se fier à cette fallacieuse sincérité. Pour une vérité que le buveur lâchera par imprudence, il dira vingt mensonges par intérêt. Tous les jours il ment pour satisfaire, pour cacher ou pour excuser son vice.

« Le vin est moqueur », dit Salomon; il aurait pu ajouter : « Le vin est menteur ». Son essence même est de tromper. Son charme est celui du

flatteur et du courtisan qui dit des choses fausses
mais agréables, fait sentir une force factice à celui
qui est faible, transforme le pauvre en un riche,
le mal en bien, le bien en mal, le coupable en innocent et l'innocent en coupable, trompe et apprend
à tromper, fait rire ceux qui devraient pleurer et
pleurer ceux qui devraient rire ! Les débuts de
cette perversion du sens de la vérité se manifestent
déjà chez les buveurs occasionnels, mais cette
tromperie momentanée de l'ivresse finit par s'invé-
térer dans l'âme du buveur comme la soif dans
son gosier. Pour satisfaire sa passion et pour cacher ou excuser ses fautes, il devient habile au
mensonge. Peu à peu, il perd le sens même de la
réalité, au point que, plus tard, même devenu
abstinent, il a de la peine à se laisser délivrer de
l'habitude de mentir; et quand, chez un homme
d'ailleurs transformé de fond en comble, nous
découvrons, parfois longtemps après la première
signature, une certaine propension à n'être pas
complètement droit, nous pouvons dire : c'est
encore un fruit maudit de l'alcool ! Mon frère a de
la peine à s'abstenir de boire, il en a encore plus
à s'abstenir de mentir !

Nous en arrivons à la faculté, qui peut-être
plus que toutes les autres, reçoit les atteintes de
l'alcool, je veux dire : *la volonté*. La volonté, dans
l'âme de l'homme, c'est le moteur, et ce seul mot
suffit à en exprimer l'immense importance. Que
devient la volonté dans l'alcoolisme? Elle périt.

Ici encore, comme tout à l'heure à propos de
l'amour de la vérité, je risque de provoquer la
contradiction. Comment pouvez-vous dire, m'ob-

jectera-t-on, comment pouvez-vous dire que l'alcool tue la volonté, alors qu'au contraire il la
fortifie ? L'alcool excite le vouloir. Cela est tellement vrai qu'on le rend responsable de tous les
mauvais coups. N'est-ce pas lui qui les inspire et
les décide, qui arme la main du criminel et supprime les dernières hésitations ? N'est-il pas vrai
que quand un homme se sent faible devant un
effort à accomplir, que cet effort soit pour le bien
ou pour le mal, peu importe ; quand un ouvrier,
un ascensionniste ou un assassin sentent le besoin
de fortifier leur décision et leur volonté défail-
lantes, ils ont recours à l'alcool et les voilà forts,
décidés, volontaires ? L'alcool fortifie la volonté...
et vous dites qu'il la tue ?

Je maintiens mon accusation, et les exemples
qu'on allègue pour l'anéantir, je les relève pour
la confirmer. En effet, qu'est-ce que cette volonté
supplémentaire que l'alcool donne à celui qui en
manque ? C'est une force, oui, une volonté, certes ; mais une force étrangère et une volonté factice qui, se substituant à sa propre volonté et à
son énergie personnelles, le dispensent d'y avoir
recours ; la volonté que donne l'alcool est une
volonté passagère et trompeuse, dont l'effet, fortifiant pour un instant, affaiblit l'homme par
la suite.

L'habitude de recourir, pour chaque effort à
faire, à cette volonté factice, détruit dans l'homme
la volonté réelle. Le vrai moteur, inutilisé, se dé-
tend et se rouille jusqu'à être bientôt hors d'u-
sage.

Combien il est facile de vérifier cette observation ! Le malheur du buveur, c'est sa faiblesse ; même s'il a conservé quelque chose de sa sensibilité, de son intelligence, de sa dignité personnelle, le buveur retombe parce qu'il a désappris le vouloir, il ne sait plus dire « oui » au bien et « non » au mal ; géant parfois au physique et doué d'une force énorme, au moral c'est moins qu'un enfant et il est à la merci de plus faibles que lui ! On a dit que la maladie essentielle de notre génération, c'était un affaiblissement de la volonté. C'est vrai chez beaucoup. Si, malgré nos qualités, nous devions déchoir, ce serait par veulerie, faiblesse, manque d'énergie et de décision.

Un troupeau de braves gens qui ne sont pas braves peut être mené à la tuerie par une infime minorité de coquins sachant vouloir. Il est temps que notre peuple retrouve son énergie en cessant de la chercher là où elle n'est pas. Le sang de la France ce n'est pas le vin ou l'alcool, c'est l'effort personnel !

J'en viens à la faculté de l'âme dont le sort doit nous intéresser le plus, parce qu'elle est le centre de notre vie morale, je veux dire la *conscience*. La conscience pourrait être appelée le gouvernail de l'homme si la volonté peut en être appelée le moteur.

Je n'essaierai pas de définir la conscience, ni d'en préciser l'origine. Qu'on l'attribue à la présence du Saint-Esprit dans l'homme et qu'on l'appelle la voix de Dieu, ou bien, qu'on lui refuse tout caractère divin pour n'y voir qu'un instinct ou même seulement un produit de l'hérédité et du milieu, peu importe ; son rôle n'est pas supprimé et la conscience reste le guide de notre vie morale.

Que devient la conscience du buveur ? Terribles sont les ravages qu'elle subit. Essayons de nous en rendre compte :

Voici un jeune homme qui, pour la première fois, entraîné par d'autres, se laisse aller à un excès de boisson. On l'a ramené chez lui ivre, et après avoir longtemps dormi, il se réveille. Horrible réveil qui lui révèle tout à coup l'horreur de sa chute. Tout souffre dans le malheureux. Sa tête est lourde et douloureuse ; sa langue et son palais brûlants et secs, ses membres courbaturés. A la souffrance de son corps s'ajoute celle de son âme ; son intelligence, encore obscurcie par les fumées de l'alcool et le sommeil qui en est résulté, se réveille péniblement ; sa conscience lui reproche sévèrement ce qu'il a pu dire et faire dans l'ivresse ; le malheureux se voit déchu, déshonoré, perdu ; il se repent, jure de ne jamais recommencer !

Il jure... mais il ne tiendra pas son serment !

Au bout de quelques heures, il a beaucoup moins mal, et, chose curieuse, à mesure que diminuent et disparaissent les souffrances de son corps, diminuent et disparaissent celles de son âme. Sa conscience parle plus faiblement ; il se dit qu'il s'est bien repenti, et que la souffrance d'un jour a suffisamment expié la faute d'une heure. D'ailleurs, s'il subsistait dans cette conscience quelque trouble, l'exemple et le langage des « amis » aurait tôt fait de le dissiper.

Ainsi, la petite souffrance qui suit chaque excès

empêche le buveur de songer à la grande souffrance qui en sera le vrai châtiment ; la repentance
superficielle qui le trouble un instant le calme
trop vite et le vaccine en quelque sorte contre la
grande repentance et le trouble profond qui
seuls pourraient l'amener à se corriger.

Les repentirs toujours plus légers succèdent
aux excès toujours plus graves, au point que nous
voyons la conscience du buveur assez oblitérée et
étouffée pour que le malheureux en arrive à boire
l'alcool et l'iniquité comme de l'eau. Il ne sent
plus rien, ni dans sa gorge, ni dans son âme ; et
cet homme qui, après ses premiers excès, se don-
nait de grands coups de poing dans la poitrine
pour se punir, n'en donne plus guère qu'à sa
femme. Il se produit, en effet, à ce degré de perversion de la conscience, un phénomène très intéressant, plus facile à décrire qu'à nommer. Il consiste en ceci que l'alcool, en laissant au buveur le
sentiment d'une faute, réussit à lui faire croire
qu'il en est non l'auteur, mais la victime. Il est
bien rare que l'alcoolisme n'excite pas chez l'homme d'autres instincts et ne lui inspire pas d'autres
excès. La plupart du temps, le buveur est un débauché. Cette faute, ajoutée à l'autre, devrait le
troubler ? Détrompez-vous, elle achève de le ras-
surer, car l'alcool, par une sorte de mirage, fait
que le buveur voit chez les autres ses propres péchés. Ivrogne et fou, il ne voit autour de lui que
fous et ivrognes, et je parie que ce débauché ose
accuser sa femme d'infidélité. Le coupable changé
en victime et la victime en coupable, l'accusé en
accusateur et la repentance en propre justice, voilà

l'agonie suprême de la conscience morale, voilà l'œuvre meurtrière de l'alcool !

Il est à présumer que si l'alcool détruit ou fausse les principales facultés de l'âme humaine, il n'épargnera pas la plus fragile et la plus délicate, celle qui met l'homme en relations avec ses semblables, celle qui le rend aimant et aimable, je veux dire l'organe de la sensibilité et des affections, dont le langage des anciens et celui de la Bible plaçaient le siège dans les entrailles et que nous appelons tout simplement « le cœur ».

Que devient le cœur sous l'action de l'alcool ?

J'étais une fois à la gare de Chagny, attendant le départ du train qui devait me conduire à Montchanin. Pendant l'arrêt assez long, j'entendis, dominant les bruits ordinaires et variés d'une gare de bifurcation, une voix irritée et agressive qui ne se taisait pas. C'était celle d'un homme encore tout jeune qui se prenait de querelle à propos de rien avec tout le monde, employés, hommes d'équipe, voyageurs. Ses réclamations insensées étaient formulées sur le ton le plus grossier et accompagnées des menaces et des injures les plus vulgaires. Voyant que cet homme était pris de boisson et dangereux, chacun se détournait de lui. La même raison me fit m'en approcher, et j'essayai de lui parler avec bienveillance et respect. Bientôt, je réussis à l'amadouer un peu, et il finit par me dire, entre deux jurons, qu'il revenait de l'enterrement de sa mère, puis il ajouta : « Vous saurez, Monsieur, que je ne me laisse pas marcher sur les pieds, *surtout quand j'ai bu trois absinthes* !... Trois absinthes ! Ce réconfortant

avait risqué de faire de ce jeune homme un meurtrier, le jour de l'enterrement de sa mère !

L'action corrosive de l'alcool sur la sensibilité
est tout d'abord intermittente et ne se manifeste
que dans les moments où l'homme est pris de
boisson. Nombreux sont les buveurs qui, en dehors de leurs « bordées », sont parfaitement aimables et d'une touchante sensibilité. « Monsieur,
vous déclarera telle femme d'ouvrier, dont les
yeux sont plus rouges que les joues, mon homme
est un bon ouvrier, et la perle des maris quand il
est sobre ; mais quand il a bu un verre, il ne se
possède plus et il ne connaît plus ni femme ni enfants ! ». Quand les années ont passé et que l'i-
vrogne est devenu alcoolique, le langage de la
pauvre femme est changé et assombri comme son
malheur : « Ce n'est pas la peine d'essayer, vous
dira-t-elle, mon mari n'est plus un homme. Autrefois il avait encore de bons moments, aujour-
d'hui il n'en a plus : son cœur est mort ! » Elle
exagère, la malheureuse, comme tous ceux qui
ont trop longtemps souffert ; mais son désespoir
n'est pas sans excuses et sans motifs. Ce n'est
que trop vrai : l'action de l'alcoolisme sur la sensibilité du buveur est parallèle à l'action de l'alcool sur son palais. La faculté de sentir s'émousse
peu à peu, toutes les affections disparaissent, et
de même qu'on a vu des buveurs avaler sans sour-
ciller de l'esprit de bois ou des liquides les plus
invraisemblables, on les voit aussi commettre des
crimes sans en conserver ni remords ni mémoire.
L'alcool est meurtrier de la sensibilité.

Et maintenant : prolongez quelque peu dans

l'alcoolisme toutes les lignes de cet exposé ; poussez un peu plus loin les observations notées, suivez jusqu'à leur apogée les phénomènes produits par l'alcool dans l'imagination qu'il surexcite jusqu'à l'hallucination, dans la réflexion qu'il paralyse, dans la volonté qu'il remplace par une autre, dans la conscience qu'il étouffe et dans le cœur qu'il tue, vous avez l'absinthique qui, pour se défendre contre les spectres qui le hantent, frappe et tue une victime innocente et puis déclare ne se souvenir de rien !

On conçoit qu'à un mal profond et meurtrier comme celui que je viens de décrire, il ne suffise pas d'opposer un remède anodin. Autant les principes larges et modérés de l'*Etoile-Bleue* qui autorise l'usage des boissons fermentées sont justes et adaptés au but quand il s'agit de prévenir le mal, autant ils nous paraissent insuffisants dès qu'on prétend le guérir. Conseiller à un ivrogne ou à un alcoolique de boire un verre de vin à son repas, c'est se condamner d'avance et de gaieté de cœur au plus lamentable des insuccès, puisque c'est précisément *ce verre de vin*, cet honnête verre de vin naturel qui perpétuellement rallume en lui l'incendie redoutable, attise la soif et le rejette de l'usage autorisé dans l'excès défendu. La modération exige une grande énergie morale, une conscience délicate et un sens très aiguisé de ce qui est nécessaire et de ce qui est superflu. Peu de gens sont capables de ces choses; qui donc peut les espérer d'un malheureux dans l'âme duquel tout est faussé et disloqué et qui n'a plus ni volonté, ni conscience, ni cœur ?

Les plus autorisés représentants de l'*Etoile-Bleue*, à commencer par son fondateur qui appartient aussi à la *Croix-Bleue*, reconnaissent que si la première a son rôle magnifique dans la grande bataille antialcoolique, comme moyen de dénoncer et de prévenir le mal, la deuxième doit, de toute nécessité, intervenir pour apporter la guérison. Je désire montrer comment les principes si critiqués, si peu compris, de notre société, s'adaptent admirablement à sa tâche qui est : la résurrection de l'homme normal dans le buveur. S'il y a eu quelque chose d'infiniment douloureux à décrire les ravages que ces excès ont accomplis en lui, il y aura quelque chose d'infiniment réconfortant à y observer le travail de réparation et de renouvellement que Dieu veut y faire. Nous avons vu l'alcool à l'œuvre dans l'âme de l'homme, nous allons y voir la *Croix-Bleue*.

La première faculté que la *Croix-Bleue* réveille dans l'âme du buveur, je crois bien que c'est *la sensibilité*. Celle-ci avait été la dernière à mourir, elle est la première à renaître. On ne se figure pas avec quelle facilité on retrouve une étincelle sous l'amas de cendres du foyer éteint. L'ivrogne le plus dur et le plus abruti peut vibrer au contact d'une véritable affection, et il y a souvent de merveilleuses surprises en réserve pour l'homme bien portant qui ne désespère pas de l'homme malade. Le buveur redevient très vite capable d'aimer, à condition d'être traité avec compassion et tendresse. Si vous l'abordez durement, en l'appelant ivrogne, brute, assassin, ne vous étonnez pas de n'exciter en lui que ce que vous y avez vu, c'est-à-dire l'ivrogne, la brute, l'assassin. Mais si, derrière le coupable, vous savez voir la victime, et derrière le pécheur, le malade, votre langage changera; oubliant pour un instant tout le mal qu'il a fait, pour ne vous souvenir que du mal qu'il éprouve, vous saurez le plaindre et même le chérir. Dès qu'il se sent aimé, le buveur redevient capable d'aimer et de sentir. Le mort remue dans son tombeau.

Réveiller la sensibilité du buveur, tel est le premier travail de la *Croix-Bleue*. Semblable à une sœur de charité sur le champ de bataille, elle se penche sur le blessé évanoui, et, avant tout pansement et toute opération — il en faudra, hélas! et sa main si douce saura se faire impitoyable — avant tout pansement, elle ranime le malheureux et lui rend conscience de lui, au moyen d'un cordial. Le cordial par lequel la *Croix-Bleue* réveille la sensibilité du buveur et touche son cœur, c'est l'amour chrétien. Je n'ai pas dit « l'amour de Dieu ». Le buveur n'est pas encore capable, ni de le comprendre, ni de le sentir. La plupart du temps, il ignore Dieu, ou est en pleine révolte contre lui. Encore fermé à l'amour divin, son pauvre cœur d'homme déchu ne l'est pas complètement à l'amour humain, et la compassion intense qu'il trouve chez l'abstinent venu le voir est le premier rayon qui dégèlera les glaces de son âme. Ce premier rayon le rendra capable d'en sentir d'autres, et l'amour de l'homme fraiera la voie à l'amour de Dieu.

La *Croix-Bleue* apporte avant tout autre chose la compassion. C'est pour cela aussi que, dans cette Société de Tempérance, la femme

a une si grande place à remplir et un si beau
rôle à jouer. Souvent le froid et sec jugement
des gens du monde ou même des chrétiens, critique
âprement telle jeune fille qui, écoutant son cœur
aimant, est entrée dans la *Croix-Bleue*. De quel
droit l'aigre bise de Mars vient-elle ainsi arrêter
la douce éclosion du printemps? Apprenez que
les plus beaux miracles de résurrection ont été
accomplis dans l'âme des blessés de la vie par la
tendre compassion de la femme chrétienne, et
cessez de refuser à vos sœurs et à vos filles l'admi-
rable privilège de ranimer les morts en versant
dans ces cœurs insensibles les trésors de leurs
cœurs.

La deuxième brèche que la *Croix-Bleue* répare
dans l'âme du buveur c'est *le sentiment de sa
dignité*.

J'ai essayé de montrer, en parlant du déséquilibrement opéré par l'alcoolisme, ce que celui-ci
fait du sens de la personnalité, et comment il le
disloque en atrophiant le respect de l'homme pour
lui-même et en hypertrophiant son orgueil. C'est
précisément ce renversement des choses que la
Croix-Bleue vient réparer. L'abstinent qui visite
le buveur lui témoigne non seulement de l'affection mais encore du respect. A cet homme
déchu, avili, n'inspirant que le dégoût, et plus
habitué aux coups de pieds qu'aux poignées de
mains, la *Croix-Bleue* parle un langage nouveau :
« Aux yeux du monde, lui dit-elle, tu n'es plus
qu'une loque humaine, une épave, un être inutile,
répugnant et dangereux. Mais aux yeux de Dieu,
tu comptes encore ; il voit en toi sa créature et

même son enfant. Les hommes te foulent à leurs pieds, dans la boue où tu es tombé ; Dieu se penche sur toi ; il veut te relever et, sous la fange qui te recouvre, il voit encore et fera reparaître sa divine effigie. Ta dignité d'homme est compromise, elle n'est pas à jamais perdue ! » A l'ouïe de telles paroles le buveur se sent un homme : objet du respect de quelqu'un, il recommence à se respecter lui-même, le souvenir d'une dignité perdue lui revient, suivi bientôt du désir de la recouvrer.

En même temps qu'elle relève la dignité du buveur, la *Croix-Bleue* abaisse son orgueil. Par le fait même qu'elle lui rappelle la noblesse de son origine, elle lui révèle la profondeur de sa chute.

Devenu abstinent et, partant, plus clairvoyant, le malheureux comprend pour la première fois l'étendue et la gravité . du mal qu'il a fait à lui-même et aux siens. Comme un homme se réveillant du lourd sommeil de l'ivresse, il ouvre les yeux et est effrayé par ce qui les frappe ; ses folies, dont il n'avait jadis qu'une vague conscience, lui apparaissent dans toute leur laideur. Déjà cette première découverte donne un premier coup à son indomptable orgueil. Le deuxième est porté lorsque, sous l'action de l'Esprit de Dieu, l'homme apprend à connaître les dessous de sa vie extérieure et intérieure. Le péché de l'ivresse abattu, laisse voir tout à coup les autres ; et, derrière ce Goliath, on aperçoit la multitude des Philistins. Comme jadis à la question de Jésus : « Quel est ton nom ? », le démoniaque répond : « Je m'appelle légion, car nous sommes plusieurs ! » C'est chez le buveur devenu abstinent que trahissent audacieusement leur présence les péchés que l'alcoolisme avait embrigadés et qui se cachaient derrière leur chef : l'impureté, l'avarice, le mensonge, l'incrédulité sortent de leurs trous et agitent le démoniaque qui a pour la première fois rencontré Jésus ; de sorte que cet homme, à mesure qu'il reprend conscience de sa dignité, reprend conscience de sa misère, et, en devenant chaque jour meilleur, il se voit chaque jour plus mauvais.

· Le troisième coup est donné à l'orgueil lorsque l'abstinent apprend à connaître non plus ses péchés mais *son état de péché*. Le sentiment de sa culpabilité se réveille en même temps que sa *conscience* longtemps endormie. Jadis, le mal ne lui était connu que comme acte commis, désormais il y découvre quelque chose de plus. Il apprend que le péché n'est pas seulement une action, mais un état d'âme, une attitude de l'homme, une longue révolte du cœur, une séparation d'avec Dieu. Il lui arrive d'avoir une mauvaise conscience à la fin d'une journée pendant laquelle il n'a rien commis de répréhensible ; cherchant à comprendre la raison de ce malaise, il la découvre dant le fait qu'*enclin au mal*, il ne s'en est abstenu que faute d'une occasion. Plus il avance dans la lumière, et plus il discerne les taches de son âme ; plus ses amis se réjouissent à son sujet et plus il tremble. C'est ainsi que la *Croix-Bleue* répare l'œuvre néfaste de l'alcool dans l'âme de l'homme ; elle réveille sa conscience et, elle rétablit en lui l'équilibre rompu, parce qu'elle abat ce que l'alcoolisme avait élevé et qu'elle relève ce qu'il avait abattu.

Après la conscience, *la volonté.* Quand le buveur est devenu abstinent, la plupart du temps il est

encore un déséquilibré. Dans un certain sens, on
pourrait même dire qu'il l'est plus qu'auparavant.
En effet, sa conscience est éveillée, sa volonté ne
l'est pas ; on le voit plein de bons désirs mais sans
énergie. Quand disparaît l'élan produit par le premier engagement, quand un mois d'abstinence a
calmé ses remords, rétabli sa santé et effacé sa
honte, l'ennemi reprend l'offensive, réveille la soif
et multiplie invitations et occasions. Devant cette
attaque, l'abstinent se trouve, dans la plupart des
cas, lamentablement faible, parce que son énergie
n'est pas à la hauteur des circonstances. Si je
n'éprouvais quelque scrupule à mettre dans la
bouche d'un ancien buveur les paroles du plus
grand des apôtres, j'oserais dire que le premier
peut crier comme le second : « Quand je veux faire
le bien, le mal est attaché à moi ! » Il a la volonté
d'être sobre, mais non le pouvoir de le rester.

C'est ici surtout qu'apparaissent la beauté de l'action exercée par la *Croix-Bleue* et la sagesse pratique de ses principes. Ce qui est le plus critiqué chez
elle c'est peut-être ce qu'elle a trouvé de meilleur :
la signature de l'engagement. Pourquoi une si grande
bénédiction a-t-elle récompensé la foi audacieuse
de ceux qui l'ont instituée et maintenue en dépit
des échecs et des objections ? Qu'y a-t-il donc
dans ce petit morceau de carton revêtu d'une
signature parfois griffonnée ? Il y a, tout d'abord,
la confession personnelle d'un péché précis et une
prière qui ressemble à un cri de détresse. Il y a ensuite un lien qui attache à la sobriété un homme
incapable de s'y tenir lui-même. Ce lien rappelle
ceux dont se lie un naufragé pour rester accroché

à sa planche de salut, quand la force de ses bras l'aura trahi. C'est une force extérieure mais réelle et non trompeuse comme celle de l'alcool qui, pendant un temps, suppléera, pour l'abstinent. aux déficits de la sienne. Mais, plus que tout cela, j'aime à voir surtout dans ces quelques petits mots : « Je promets de m'abstenir », *un appel à cette volonté affaiblie*, appel destiné à la réveiller d'abord, à la fortifier ensuite, à l'affranchir enfin. C'est une loi de notre nature, que nous gagnons de l'énergie en en dépensant, et ceux qui fuient certains devoirs sous prétexte de concentrer leur effort sur d'autres, se trouveront aussi flasques et aussi faibles devant ceux-là que devant ceux-ci.

J'ai ouï dire que, dans certaines stations climatériques, où sont soignées les maladies du cœur, on restaure peu à peu les énergies de cet organe en invitant le malade à faire chaque jour un trajet un peu plus long. Au début il atteint avec peine l'arbre le plus proche ; le lendemain, il peut aller jusqu'au suivant ; à la fin de la cure, grâce à l'énergie gagnée, l'heureux marcheur escalade le sommet de la montagne.

La *Croix-Bleue* procède de même : par des engagements successifs d'une longueur sagement progressive et soigneusement adaptée à ce qu'il y a encore de force dans la volonté de l'abstinent, elle réveille et elle encourage, doucement mais sans relâche, l'énergie personnelle que l'alcool avait anéantie.

A cet égard, il convient de faire quelques réserves sur la thérapeutique en usage dans plusieurs sections. Dans le but très légitime de faciliter

les choses à l'ancien buveur, de lui éviter les
regrets du passé, les difficultés du présent et
les menaces de l'avenir, et de l'envelopper d'affection et d'égards, on supprime sur son chemin toute aspérité. Ses dettes sont payées, ses
enfants habillés de neuf, son mobilier remplacé,
sa vie capitonnée pour que rien ne le blesse ni ne
l'écorche. Le visiteur qui pénètre chez lui est tenté
de répéter après l'apôtre Paul : « Les choses vieilles
sont passées, toutes choses ont été faites nouvelles. »
Qu'on se garde de profaner ce beau verset en
l'appliquant à une situation où tout est renouvelé
excepté l'essentiel, je veux dire le cœur de l'homme.
En soignant trop bien celui-ci, on l'a gâté, et en
supprimant sur son chemin tout ce qui risquait de
solliciter son effort et son énergie, on a tari en lui
la source de la force. Bien différente était la péda-
gogie de Dieu à l'égard de son peuple. Il l'affranchit
de la tyrannie de l'Égypte, puis il le conduit... dans
le désert où il procède à son éducation. Évitons
de faire de nos sections des Arabies Pétrées
où tout est sec et stérile, mais gardons-nous aussi
d'en faire des serres chaudes où nous cultiverions
des plantes incapables de supporter le grand air.
Ce qu'il faut à l'abstinent, c'est la vie, la vie avec
son soleil et sa sève, mais aussi avec ses tâches et
ses difficultés, ses luttes et ses victoires. L'alcoolisme a été pour l'âme de nos concitoyens une école
de faiblesse de capitulations et d'esclavage, la
Tempérance doit être pour eux une école de travail,
d'énergie et de volonté.

Après la volonté, *le respect de la vérité.*
Un des plus vifs reproches, et un des plus in-

justes que les critiques font aux engagements d'abstinence, est tiré de la facilité avec laquelle ces engagements sont rompus, et de l'extrême difficulté
du contrôle. Pour qui connaît l'élasticité de la
conscience humaine, les ruses du cœur, les dangers
de l'anonymat, surtout dans une grande ville, il
semble que la confiance avec laquelle nous accep-
tons les promesses et la signature d'un buveur soit
tout simplement de la naïveté. On va jusqu'à taxer de légèreté les détenteurs d'un carnet
qui en distribuent trop facilement les cartes à des
inconnus, et il est même arrivé qu'on nous accusât
de profaner dans la *Croix-Bleue*, le caractère sacré
de la parole d'honneur et des engagements pris
devant Dieu.

Nous ne sommes pas tout à fait assez naïfs pour
croire fidèlement tenus tous les engagements que
nous faisons ou laissons prendre. Il ne nous
échappe pas que, à Paris surtout, la tentation est
terrible pour un malheureux que la soif torture,
de violer sa promesse en buvant en cachette.
Malgré cette constatation fréquemment renouvelée,
nous continuerons à faire prendre des engagements avec une confiance perpétuellement renouvelée, précisément parce que nous voulons que
notre œuvre soit de plus en plus une école de
confiance et de véracité.

On retrouve souvent dans l'âme de l'abstinent
des imperfections, des tendances fâcheuses, des res-
tes de la vieille nature, que j'appellerais volontiers les cicatrices du péché et dont la présence
nous rend d'autant plus précieux le travail de
l'*Etoile bleue* et de l'*Espoir* consacré à prévenir

le mal que nous avons tant de peine à guérir.

Parmi ces cicatrices, une des plus profondes est bien le penchant à n'être pas toujours complètement droit. Vainqueurs de l'alcool et de la soif, nous pensons n'avoir rien fait, aussi longtemps que nous n'avons pas terrassé le mensonge. Or, nous croyons que la confiance éclairée et prudente est mieux qualifiée que le soupçon perpétuel et que l'injurieux espionnage, pour ramener un pécheur à l'amour et au respect de la vérité. Nous osons confier une carte d'engagement à un homme dont nous ne sommes pas encore très sûrs, parce que nous espérons que cette marque éclatante de confiance et de respect fera renaître en lui le droit à la confiance et le droit au respect. La véracité de l'abstinent est exposée à une épreuve terrible et quotidienne, et beaucoup succombent à la tentation ; mais ceux qui en triomphent deviennent véridiques d'une manière spéciale, et leur amour de la vérité a la solidité de l'acier bien trempé.

Sur ce point encore la *Croix-Bleue* est le remède indiqué au mal qu'il faut guérir.

Dois-je montrer enfin comment elle corrige les tares relativement secondaires et les défauts moins capitaux que ceux décrits plus hauts? Ici, un seul exemple suffira : l'alcoolique est généralement à la fois *prodigue et avare*. Il est prodigue pour lui-même et pour ses « amis ». Quand il a touché sa paie, il est, au cabaret, d'une générosité dont nombre d'amateurs s'empressent de profiter : ils n'ont pour cela aucune peine car le malheureux n'est pas satisfait si personne ne s'enivre avec lui. Pendant ce temps, sa femme et ses enfants gre-

lottent, affamés devant le foyer où il n'y a que des
cendres. On a vu jadis des buveurs s'emparer,
armés de la loi, du maigre gain de leur femme,
pour le boire et changer en eau-de-vie le lait destiné à leurs petits enfants !

Il s'agit de réparer aussi bien que les autres ce
déséquilibrement économique, de rendre cet
homme plus large là où il était trop serré et
plus serré là où il était trop large, de l'amener à
être généreux sans prodigalité et économe sans
avarice. C'est de quoi la *Croix-Bleue* se charge.
Elle encourage l'abstinent à devenir économe afin
de remonter ses finances et son ménage, et elle lui
facilite singulièrement cette tâche en faisant de
lui un buveur d'eau. Mais ce n'est là que la moitié
de sa tâche.

L'abstinent, quand ses dettes sont payées, commence à faire des économies et risque de devenir
avare. C'est la flèche de Parthe de l'ennemi. Devant
l'impossibilité de tenter son ancienne victime par
l'attrait de la boisson, il essaie de celui du
gain, et trop souvent il réussit. L'ancien prodigue
devenu avare n'est pas encore un homme retombé,
c'est déjà un chrétien déchu, et ce n'est pas pour
un aussi piteux résultat que nous travaillons. Mais
Dieu, en nous donnant la *Croix-Bleue*, a pris soin
de mettre le remède à côté du péril. En nous
constituant en société, en mettant sur nous des
charges, des locaux à louer, à éclairer et à chauf-
fer, des agents à salarier, des congrès à organiser,
en unissant parmi nous beaucoup de pauvres avec
peu de riches, et en imposant aux uns et aux autres
les saints et onéreux devoirs de la solidarité, il

oblige l'abstinent à ouvrir sa bourse et à triompher de sa propre avarice. Gardons-nous, ô mes amis, de parler mal de la cotisation ! Elle est une grâce dont nous ne saurions nous passer impunément. Même si elle n'existait pas et que la Société n'en eût pas besoin pour elle-même, il faudrait l'inventer pour le bien des abstinents qu'elle est appelée à préserver du danger de l'avarice.

En même temps qu'elle le guérit dans le détail de chaque faculté, la *Croix-Bleue* exerce sur l'âme du buveur *une action d'ensemble* dont je ne saurais donner une meilleure idée qu'en la comparant à la transfusion du sang. En rendant la vie au malade, l'homme sain risque la sienne ; aussi ne tente-t-on l'expérience que lorsqu'il s'agit de sauver un mourant. La transfusion du sang ! N'est-ce pas quelque chose de semblable qu'accomplit la *Croix-Bleue* dans l'âme du buveur ? Si elle lui a fait un grand bien par l'engagement d'abstinence totale qui brise la chaîne de sa captivité et le sépare de l'alcool, elle lui en fait un plus grand encore par la conversion à laquelle elle l'invite et le pousse et par où elle le met en contact et en communication avec l'âme même de Jésus-Christ. Quand s'établit et se maintient réellement cette sainte relation, quand l'abstinent devient un chrétien, c'est merveille de voir comment peu à peu le sang pur et chaud du Sauveur vient vivifier l'âme anémiée de l'ancien esclave et fait ressusciter celle-ci à une vie nouvelle ; un nouveau cœur, une nouvelle intelligence, une nouvelle énergie, une nouvelle conscience apparaissent au sein de ces ruines dont on n'espérait plus rien, et ce n'est plus seulement de l'intérieur de sa maison, c'est aussi de l'intérieur de sa vie que l'homme régénéré peut dire : « Les choses vieilles sont passées, toutes choses ont été faites nouvelles ! »

Deux « exagérations » distinguent la *Croix-Bleue* de toutes les autres sociétés antialcooliques : son *caractère nettement religieux* et sa *pratique de l'abstinence totale.* Ces deux choses nous condamnent, en apparence, à l'insuccès. La France est la patrie du vin, elle n'est pas, celle du piétisme ; et elle a aussi honte de celui-ci qu'elle est fière de celui-là. Tant que la *Croix-Bleue* paraîtra proscrire le vin et imposer la piété, elle demeurera impopulaire et devra renoncer à avoir pour elle la majorité des Français.

De cela nous sommes parfaitement convaincus, mais nullement troublés. Dans un monde et dans un temps où si souvent le grand nombre se laisse tromper jusqu'à sanctionner l'iniquité, nous refusons net de sacrifier ce que nous avons de plus saint et de plus cher, sur l'autel de cette idole qui s'appelle : le succès. Plus confiants dans la valeur des principes et dans la force de la vérité que dans le suffrage inconstant et menteur de la majorité, nous nous résignons volontiers à n'être, pendant bien longtemps encore, qu'une poignée de trouble-fêtes, accusés de méconnaître le génie et les intérêts de leur patrie. Notre patrie ! l'âme de la France ! nous l'aimons assez pour la servir sans autre récompense que ce service même, et parlant à notre peuple comme saint Paul aux Corinthiens, nous osons lui dire, nous aussi : « Nous nous dépenserons volontiers pour vos âmes, dussions-nous, en vous aimant toujours davantage, être toujours moins aimés de vous ! »

Organisation d'une Campagne de Tempérance.

RAPPORT

Présenté par M. V. BROUX

Agent général de la « Croix-Bleue »

AU VIIe CONGRÈS NATIONAL DE ROUEN, 19-22 OCTOBRE 1905

A ceux qui demanderaient s'il est nécessaire d'organiser une campagne de tempérance, je conseillerais, simplement, de se renseigner auprès des Parisiens qui ont assisté aux campagnes entreprises en novembre et en mars derniers, la première, par le Comité national français et le Groupe de la Seine, la seconde, par les mêmes aidés de M. B. Greene, de Chexbres, Suisse.

La réponse serait invariablement celle-ci : Certes il est nécessaire d'organiser une campagne de tempérance et plutôt même plusieurs qu'une. Et pourquoi cela? Pour deux raisons se rapportant, l'une, à la section, l'autre, à l'auditoire. A la section, parce que cette entreprise rompt le cours uniforme de sa vie ou de son groupe, propose aux membres, pendant un certain temps, une activité spéciale et plus grande qu'à l'ordinaire, rend ingénieux à trouver sans cesse de nouveaux moyens de propagande, ranime la vie spirituelle en ramenant l'habitude de la prière et du dévouement personnel et collectif.

A l'auditoire, parce que, souvent, il ne suffit pas d'une seule réunion pour que tous les assistants comprennent, exactement, que les principes de la *Croix-Bleue* n'ont été établis que pour le relèvement des victimes de la boisson, parce qu'il faut plusieurs jours pour convaincre de son assujettissement un esclave de l'alcool, et qu'ainsi, à la fin de la campagne, on obtient des résultats qu'on n'aurait pas enregistrés après une seule réunion. Tel cet homme qui, en novembre dernier, lors de la campagne de 4 jours, s'était assis, le premier soir, au dernier banc de la chapelle de Levallois-Perret. Le second soir il s'était avancé de 3 bancs ; le troisième soir, quatre ou cinq bancs avaient encore été franchis ; enfin, le quatrième soir, il était au premier rang, devant la tribune, regardant avec intérêt les orateurs et paraissant impatient. Il l'était en effet, car il désirait que la première partie de la réunion prenne fin, pour se lever et signer l'engagement d'abstinence totale qui, avec l'aide de Dieu, devait le libérer de la boisson.

La campagne de tempérance de plusieurs jours est nécessaire, autant pour la section que pour l'auditoire, parce qu'une atmosphère spéciale se forme et que, en vertu de la vitesse acquise, comme on dit en mécanique, il y a entraînement de part et d'autre puis, finalement, résultats imprévus, inespérés et toujours réjouissants quant au but poursuivi, même lorsque, au cours de l'organisation, il avait semblé que la durée de la campagne serait trop longue, comme en février, où une bonne semaine y fut employée.

I

La nécessité de la campagne admise, comment procéder pour la rendre possible et féconde ?

D'abord la constitution d'une commission s'impose. Je connais des ennemis irréductibles de toute commission. Ils prétendent qu'elle entrave le travail au lieu de le faire. Cela peut être vrai, surtout quand elle est mal composée. Spurgeon disait un jour que le comité idéal compte trois membres dont l'un est toujours malade, l'autre réside à la campagne et passe son temps à soigner son jardin et le troisième fait le travail tout seul. Je pense que c'est là une boutade d'un homme qui n'en a pas été à une près dans sa vie.

Cependant je ne suis pas loin de penser que, dans la commission chargée de l'organisation de la campagne de tempérance, il faut un membre qui en soit l'âme, un homme qui en ait tous les fils entre les mains, qui dirige tout allais-je dire, par conséquent qui soit aussi responsable. A côté de lui, avec lui, autour de lui, il y aura des membres choisis, dont la collaboration sera aussi indispensable que précieuse, car, du travail en commun dépendra, dans une très large mesure, le succès final de l'entreprise.

II

Deux mois ou six semaines, au moins, à l'avance la commission commence un travail d'organisation qui ne sera pas interrompu.

4

Cela suppose que la date de la campagne a été
fixée, sinon elle doit l'être définitivement et sans
retard. De même, il faut en déterminer la durée.

Le second point à examiner et à résoudre sans
tarder, c'est la question du ou des locaux où se
tiendront les réunions, de manière qu'on puisse
se rendre compte, dans la mesure du possible, de
la nature de l'auditoire sur lequel on peut compter,
de sa mentalité, de son degré d'alcoolisation et de
son éducation antialcoolique, de son niveau intellectuel, de son développement moral et religieux.

Après ce travail très important, il sera nécessaire de dresser une liste détaillée des collabo-
rations à solliciter pour les réunions ou conférences, c'est-à-dire : les orateurs religieux et laïques,
qui présenteront la question sous l'angle religieux, moral, scientifique, social, économique, en
connaissance de cause, parce qu'ils ont étudié le
sujet, et les orateurs capables de parler aussi en
connaissance de cause, parce qu'ils savent par
expérience ce que c'est que l'alcoolisme et ses
conséquences. Les buveurs relevés qui parlent
dans les réunions produisent beaucoup d'effet.
C'est avec soin qu'on dressera cette liste des collaborateurs pour les réunions, notamment celle
des témoins auxquels on peut faire du mal
sous prétexte de les appeler à faire du bien aux
autres.

Il faut autant de l'Esprit de Dieu pour se main-
tenir aussi humblement à la dernière place qu'à la
première. L'orgueil de Diogène perçait parfaitement à travers les trous de son manteau. Il est
dangereux, pour l'orgueil, d'être mis ou de se

mettre en avant, aussi, le choix des orateurs
demande-t-il beaucoup de discernement.

Il serait sage de réunir à l'avance les témoins
en leur adressant la circulaire suivante :

CHER CAMARADE,

Nous organisons des réunions spéciales de tempérance dans
(quatre) de nos sections du   au   , et nous vous demandons si vous ne voudriez pas venir y témoigner, en quelques
mots, des bienfaits de l'abstinence et de la puissance de Dieu.

En vue de la préparation de ces appels, nous serions heureux
de passer quelques moments avec vous.

Voudriez-vous venir prendre une tasse de thé le   à
(Adresse).

Plusieurs autres listes de collaborateurs doivent
être également dressées. Ces listes porteront les
noms de :

1º Ceux qui seront chargés de la distribution
des bulletins ou annonces : *a)* à la porte des Eglises et des salles de réunions; *b)* à la porte des
usines ; *c)* dans les quartiers et dans des rues bien
indiqués à l'avance. Il est avantageux de distribuer
les bulletins à domicile, en les remettant de la
main à la main et en invitant verbalement les gens
à venir aux conférences.

Les sections fourniront ce personnel, ainsi la
circulaire suivante sera envoyée au bureau :

A Monsieur le Président de la section de

CHER COLLÈGUE ET AMI,

Nous préparons les réunions spéciales qui doivent avoir lieu
du   au   dans les sections de

Nous avons besoin de distribuer des prospectus de notre campagne le   .à la sortie des divers lieux du culte
de

Voudriez-vous trouver des amis qui se chargent de distribuer
sans faute

prospectus à la sortie de	à	heures.
prospectus à la sortie de	à	heures.
prospectus à la sortie de	à	heures.
prospectus à la sortie de	à	heures.

Veuillez répondre avant le   à M. l'organisateur si
nous pouvons compter sur vous pour cela. Nous vous enverrions
à l'avance ces prospectus. Mais nous allons vous envoyer de
suite une circulaire destinée à tous les membres et amis de la
Croix-Bleue que nous vous serions reconnaissants de faire distribuer à temps.

Bien cordialement à vous.

2° Ceux qui feront des visites à domicile chez
des gens qui souffrent notoirement des conséquences de la boisson. Les invitations seront ici plus
directes ;

3° Ceux qui s'engageront, à la suite des réunions,
à visiter les personnes ayant signé un engagement de tempérance ou qui se seront fait
connaître ;

4° Ceux qui, au cours des réunions et à la fin
des réunions, devront, dans la salle, lier conversation avec tel ou tel auditeur, de manière
à l'amener à prendre l'engagement de tempérance,
qu'il ne signerait pas s'il n'y était pas spécialement invité ;

5° Ceux qui distribueront les chants imprimés
ou qui vendront au comptoir de librairie.

6° Ceux qui colleront des affiches pour éviter

les frais élevés que réclame l'agence d'affichage pour ce travail.

Voici un spécimen d'une de ces listes :

Section de Orateurs du	*Liste d'enrôlement des Volontaires* MM.		
	NOMS	ADRESSES	OBSERVA-TIONS
Collage d'affiches			
Distribution de prospectus à domicile			
Distribution de prospectus, église (date)			
Distribution de prospectus dans la rue			
Distribution devant la porte			
Visites à domicile			
Secrétaires pour recevoir les engagements à la fin des réunions.			
Vente du journal et des publications			

Il sera nécessaire, ensuite, de dresser un tableau complet du personnel et de ses attributions. Il faudra soigneusement rappeler le rôle de chacun.

Ainsi les orateurs seront avertis de la manière suivante :

A Monsieur

Cher Ami,

Notre tableau de service pour les réunions du est enfin arrêté et nous vous rappelons que vous y êtes inscrit pour parler à 8 h. 1/2 du soir.

Nous comptons sur vous et vous rappelons les réunions de prière et d'organisation qui auront lieu

le   à   heures du soir.
le   à   matin.
le   à   matin.
le   à   matin.
le   à   matin (adresse).

La réunion Générale des membres et amis de la *Croix-Bleue* aura lieu le   à

Vous remerciant de votre collaboration et, demandant à Dieu de bénir cet effort général, nous sommes vos dévoués.

Il serait bon d'avoir une ou plusieurs séances générales où des conseils et des directions seraient donnés aux collaborateurs. Il ne suffit pas seulement d'enregistrer le concours inestimable d'une bonne volonté, il faut encore orienter, diriger, et bien employer cette bonne volonté.

C'est pourquoi cette autre circulaire paraît encore nécessaire.

CHER AMI,

Vous savez que nous organisons dans   de nos sections réunions de tempérance du   au

Nous osons compter sur votre concours pour cette campagne spéciale destinée au relèvement des buveurs que nous inviterons par affiches, prospectus et visites à domicile.

Chaque soir 5 ou 6 orateurs parleront pendant 8 ou 10 minutes avec précision et énergie.

Nous vous demandons de parler dans les salles suivantes :

le   soir,   à 8 h. 1/2.
le   soir,
là   soir,
le   soir,

Répondez le plus tôt possible à M.

Vous êtes invité à vous réunir avec tous les collaborateurs de cette campagne le
                    , pour une réunion d'organisation ; à 6 h. 1/2 nous pourrons dîner tous ensemble
        avant d'assister à 8 h. 1/2 à la grande réunion générale des membres et amis de la *Croix-Bleue*.

Tous les collaborateurs de la campagne sont invités à venir chaque matin à   pour une réunion de prière et d'organisation du travail de la journée.

Veuillez agréer, cher ami, l'expression de notre affection chrétienne.

Enfin, pour terminer cette longue énumération de circulaires que l'on peut modifier d'après les milieux et le genre de campagne à préparer, voici un modèle de lettre qui accompagnera le dernier envoi à la veille même de l'action.

CHERS COLLABORATEURS ET AMIS,

Vous avez bien voulu promettre votre concours pour la campagne de tempérance du   au   prochain. Nous comptons donc sur vous. Vous trouverez d'autre part la liste des collaborateurs, le programme provisoire et l'indication de votre participation aux réunions, vous voudrez bien vous souvenir dans vos intercessions qu'une campagne de tempérance comme celle-ci doit être préparée par la prière individuelle.

Il est bon aussi que la prière en commun ne fasse pas défaut. C'est pourquoi vous êtes invités à une grande réunion générale des collaborateurs et des membres de la *Croix-Bleue* parisienne du   à   du soir. Dans cette soirée des indications précieuses seront données sur le travail à faire pendant notre campagne, et nous mettrons, dans la prière en commun, nos personnes, et ce que nous avons, au service de Dieu au service de nos frères.

Agréez, chers amis, nos cordiales salutations.

Toutes ces lettres circulaires dont on voudra bien excuser la citation faite peut-être trop abondamment, mais simplement à titre documentaire, peuvent être faites au multicopiste ou à la machine à écrire.

III

La question de publicité est aussi très importante. Il est nécessaire d'annoncer les conférences par des affiches. La dimension qui exige 12 centimes de timbre paraît assez favorable[1].

Les timbres se trouvent au bureau de l'enregistrement et s'appellent timbres de dimension.

Le texte de l'affiche doit être court. Le style peut être celui d'une proclamation. L'adresse, l'heure et la nature de la réunion seront nettement indiquées. L'affiche peut être apposée quatre ou cinq jours avant le commencement de la campagne, mais il faut la remplacer si elle disparaît trop tôt.

A Paris on s'est servi de cette affiche :

SOCIÉTÉ FRANÇAISE DE TEMPÉRANCE DE LA CROIX-BLEUE

CAMARADES,

La liberté est un bien précieux. Or, l'alcoolisme tient d'innombrables victimes sous sa domination tyrannique.

A bas cet esclavage !

[1] Voici le tarif : jusqu'à 12 décimètres 1/2 carrés, le timbre est de 6 centimes ; de 12 1/2 à 25 le timbre est de 12 centimes ; de 25 à 50 décimètres carrés le timbre est de 18 centimes ; au-delà de 50 décimètres carrés et quelle que soit la dimension, pourvu que le placard ne contienne qu'une seule feuille, le timbre est de 24 centimes ; chaque feuille dépassant 50 décimètres et formant une vaste affiche doit porter un timbre de 24 centimes.

Venez aux Conférences de Tempérance, le
à 8 h. 1/2 du soir. Vous entendrez parler des
ravages de l'alcoolisme et des moyens de s'en préserver.

Des camarades délivrés de la boisson raconteront leur histoire.

Vive la libération des victimes de l'alcool !

Des réunions analogues se tiendront aux mêmes dates et aux mêmes heures :
à...

ENTRÉE LIBRE ET GRATUITE

Quant aux prospectus à distribuer de la main à la main, ils peuvent être de deux sortes : ceux qui indiquent la ou les réunions ;

SOCIÉTÉ FRANÇAISE DE TEMPÉRANCE DE LA CROIX-BLEUE

Mardi 1, Mercredi 2, Jeudi 3, Vendredi, 4 190...

RÉUNIONS D'APPEL ET DE TÉMOIGNAGE

TOUS LES SOIRS

Dans chacune des salles ci-dessous

A 8 HEURES & DEMIE

20, rue
153, avenue
123, avenue
39, rue

ENTRÉE LIBRE ET GRATUITE

ceux qui rappellent la séance du jour même. Nous avons fait l'expérience que les prospectus avec ce titre en caractères gras : CE SOIR, attirent du monde, mais il faut les distribuer aux bons moments.

✚ (Adresse).

CONFÉRENCE de TEMPÉRANCE
CE SOIR, à huit heures et demie
ENTRÉE LIBRE ET GRATUITE

Dans la rue, de 5 h. 1/2 à 7 heures, la distribution amène des auditeurs pour la réunion de 8 heures ou 8 h. 1/2.

Alors que cinquante affiches bien placées suffisent pour un quartier, mille prospectus se distribuent avec rapidité et n'amènent parfois que 20 auditeurs nouveaux, chiffre minimum, quand la salle est bien placée et la saison favorable. En général, il faut faire beaucoup de réclame et ne compter que sur peu d'empressement. S'il y a foule, tant mieux, la surprise est agréable.

En tout cas, il faut distribuer ces prospectus partout où il est possible d'en placer.

Au-dessus de la porte d'entrée de la salle ou au-dessus de la vitrine, on peut aussi placer un *calicot peint* qui annonce les conférences quelques jours à l'avance, cette annonce permanente est excellente. Si les réunions ont lieu plusieurs jours de suite, on peut, dès le début de la campagne changer le calicot et mettre CE SOIR.

La rampe de gaz est excellente également. Mais l'installation est coûteuse quand il s'agit de séances spéciales à une semaine seulement.

Le système du transparent fixe ou mobile vaut mieux alors, car il est moins coûteux et rend les mêmes services que la rampe de gaz. Avec une vieille caisse à claires voies ou deux ou trois cercles de tonneaux, on fabrique un transparent en papier ou en calicot. On peint les annonces, on met deux ou trois bougies à l'intérieur et on le fixe à la devanture, à moins que, le fixant au bout d'un manche à balai, un homme de bonne volonté ne le promène autour du local, dans les rues avoisinantes.

Un moyen à employer pour faire connaître la réunion, c'est de prendre connaissance de la liste électorale et d'envoyer une invitation-circulaire spéciale, sous enveloppe, à chaque électeur.

Enfin, si les journaux acceptent, on peut aussi se servir de leur publicité.

IV

Tout est prêt, le moment des réunions est venu. Quinze minutes, au moins, avant de les commencer, le président et tous les collaborateurs devront être présents. Ce quart d'heure d'entretien et de recueillement qu'ils auront ensemble sera une bonne préparation à la lutte. Car il faut considérer que la réunion ou la conférence est un combat. Ne s'agit-il pas de victoires à remporter? Donc, le rôle de chacun et la place de chacun seront nettement désignés. Déjà, il faudra qu'à l'ouverture des portes, il y ait quelqu'un pour faire placer les auditeurs qui arrivent. Ceux-ci sont bien disposés s'ils sont bien accueillis. Aussitôt qu'il y a assez de monde, il faut commencer à chanter ou à jouer de la musique en attendant l'ouverture de la réunion. Si celle-ci est une réunion d'appel et de témoignage — qui convient très bien à une campagne — il faut que les orateurs ne dépassent pas 10 minutes d'allocution. Le président qui se contente de présider doit être inexorable Il arrêtera l'orateur au moyen d'un timbre avertisseur ou en tirant simplement la manche de sa blouse ou le pan de sa jaquette. Chaque allocution gagne à être précédée et suivie d'un chant ou d'un morceau de musique. Le président a pour tâche de résumer en deux mots, à la fin, ce qui a été dit, de rectifier une assertion fausse et de rendre les appels plus pressants.

La manière dont la réunion sera conduite est tout. Aussi faudra-t-il que les orateurs soient appelés à parler de telle sorte qu'il y ait un *crescendo* et que l'attention soit de plus en plus soutenue. En 1 h. ou 1 h. 1/4 il faut pouvoir entendre cinq orateurs, sans le président, et cinq ou six chants de tempérance à raison de 1 à 3 strophes chaque fois ; 3, c'est beaucoup.

Un rapport de la séance sera fait chaque soir.

On fera bien de faciliter la tâche du rapporteur en lui remettant chaque jour cette feuille :

RAPPORT DE LA SOIRÉE DU   190

Section de

Présidents :
Orateurs :
Nombre d'auditeurs :   de Signataires :
Observations :

Signature,

Prière de remettre cette feuille le lendemain à M.

Une heure de séance vaut mieux qu'une heure un quart parce que les entretiens qui s'engagent ensuite sont aussi importants pour les décisions, si ce n'est plus, que les discours, les chants et la réunion elle-même.

En effet, il faut considérer que la soirée comprend deux parties. La seconde commence quand généralement on s'imagine, dans les réunions ordinaires, que tout est fini. C'est à ce moment que les collaborateurs iront dans la salle, surtout aux portes, et aborderont les auditeurs en tâchant d'amener la conversation sur le terrain personnel. Les décisions les plus réjouissantes obtenues au cours des campagnes, à Paris, sont précisément celles qui ont résulté de ces entretiens engagés dans les bancs, dans les couloirs, à la porte et jusque dans

la rue. Ne craignons pas d'importuner les gens.
Il y en a qui se sentent tellement seuls avec leurs
péchés, et tellement malheureux, qu'ils sont
tout étonnés et reconnaissants qu'on pense à
eux, qu'on les aborde personnellement. Agir ainsi,
c'est faire pénétrer dans leur âme un rayon d'espérance. Et quand l'aube du salut a lui, le soleil
de la grâce ne tarde pas à se lever et à monter rapi-
dement jusqu'au zénith de sa course.

V

Une pensée qui n'a pas été exprimée, mais qui
plane sur la préparation comme sur la bataille elle-
même, c'est celle se rapportant à la prière. Toute
réelle victoire doit être le résultat de l'action et
de la prière, de la prière et de l'action. « Ora et
labora ». Il faut que la campagne soit précédée,
accompagnée, suivie, enveloppée de la prière. On
comprendra que, !a prière jaillissant du cœur, il est
impossible de fixer une règle à son égard. Voilà
pour les organisateurs et les collaborateurs.
En séance, la lecture de la Bible et la
prière sont souvent bien accueillies par les auditeurs. On fait de bienfaisantes expériences sous ce
rapport. Il ne faut pas craindre d'annoncer fran-
chement des séances nettement religieuses. Mais
il ne faut à aucun prix surprendre les auditeurs.
Quand la réunion n'a pas été annoncée comme
devant revêtir un caractère religieux il y a péril à
lui donner ce caractère.
Pas d'équivoque surtout dans nos œuvres.

Il faut se souvenir cependant, que tant que la question religieuse n'aura pas été abordée, l'œuvre n'aura pas été complète. Le salut social ne va pas sans le salut de l'âme. Laisser l'un des deux éléments dans l'ombre c'est frapper de stérilité tout effort et tout travail.

Plan d'une séance de Tempérance

RAPPORT

Présenté par M. le Pasteur Th. HOCART

Président du groupe de la Seine

Au VIIe Congrès National de la « Croix-Bleue » de Rouen,
19-22 Octobre 1905

Les Préliminaires

Avant de parler de la séance elle-même il y a lieu de dire un mot des préliminaires. Il nous semble que la porte de la salle de Conférences où la séance doit se tenir devrait être ouverte au moins un quart d'heure avant l'heure indiquée pour commencer la séance. Ce ne serait pas du luxe non plus d'avoir une lanterne bien éclairée au-dessus de la porte d'entrée afin d'attirer l'attention des passants. A l'entrée de la salle, nous aimerions voir deux membres actifs de la section s'assurant que tout est en ordre dans la salle et souhaitant la bienvenue à toutes les personnes qui entrent. Il nous déplaît que tous les préliminaires de la séance soient le privilège exclusif du concierge de la salle. De plus, il faut commencer à l'heure comme des gens qui ont l'intention de faire de la besogne.

5

Le milieu

La *Croix-Bleue* est appelée à travailler dans des milieux fort différents les uns des autres. Telle partie d'un programme qui sied à merveille dans tel milieu n'ira pas du tout dans tel autre. Impossible d'arrêter un plan qui s'adapte également bien à toutes les sections. Nous ne pouvons tracer un plan qu'à titre d'orientation, et non comme un programme arrêté d'avance.

Le chant

Le chant occupe une place importante dans les réunions de la *Croix-Bleue*. Il faudrait prendre l'habitude, si ce n'est pas déjà un fait accompli, de dire chant et non cantique quand on invite l'auditoire à chanter. Il serait bien désirable que le chant soit bien nourri, sinon entraînant. L'entrain dans le chant est une bonne chose, mais gardons-nous des ritournelles chantées à toute vitesse, sans expression et sans âme et, par conséquent, sans effet réel sur l'âme des buveurs. En vue de donner autant que possible une allure laïque à l'œuvre de la *Croix-Bleue*, il faudrait remplacer l'harmonium par le piano ou par tout autre instrument musical. Ce qui serait encore beaucoup plus intéressant, ce serait de pouvoir se passer tout à fait d'instrument musical à condition toutefois d'avoir quelques voix bien exercées sous la direction d'un conducteur de chant capable et expérimenté.

Lecture

Au commencement de la séance une lecture bien faite d'une page bien choisie de la Bible est tout à fait à sa place. Il serait bon de modifier le vocabulaire dont nous nous servons d'ordinaire. Les mots Sainte Bible, Saintes Ecritures, Parole de Dieu ne sont pas compris des uns et soulèvent des préjugés chez beaucoup d'autres (il s'agit ici d'un auditoire catholique ou incrédule). Ne vaudrait-il pas mieux dire tout simplement la Bible ou encore nommer l'auteur du passage ou du récit que l'on va lire. Dire, par exemple, « Moïse a écrit » ou « Paul a dit » ou « Jésus-Christ a dit telle chose sur tel sujet ». Quant à la prière, nous inclinerions à la placer uniquement à la fin de la réunion. Il faut éviter de donner un air de culte proprement dit à une séance populaire de la *Croix-Bleue*, surtout dans les milieux où les gens n'ont point de besoins spirituels et ont même parfois un dégoût des choses religieuses.

Les discours

Les discours devraient être courts. Il y a d'autres excès à éviter que ceux de la longueur dans des réunions populaires. La tentation est très grande en parlant des faits et gestes d'un buveur de tomber dans le vulgaire et de faire rire un auditoire. Rien de plus facile que de faire rire et il y a parfois des orateurs qui en abusent. Il ne manque pas d'auditeurs qui ne trouvent la séance

intéressante que lorsqu'on a passablement ri. Il est
des gens qui jouissent de plaisirs malsains. Il n'y a
pourtant rien de risible dans le fait de voir une
vie humaine manquée ou une existence complètement naufragée. Il est important d'avoir une variété
d'orateurs, surtout dans les milieux où l'âme est endormie et où les besoins religieux sont quasi-nuls.
Le réveil de l'âme facilite singulièrement le travail
de la *Croix-Bleue*. Des discours brefs, des orateurs
variés, mais pas trop nombreux, en moyenne deux
par réunion suffisent. A côté des orateurs et
comme complément indispensable, il faut les témoins de l'abstinence, les buveurs relevés. Cette
partie d'une séance intéressante est celle qui réclame le plus d'attention et de prudence. L'abstinent deviendra à bref délai un pharisien si l'on n'y
prend garde, ou encore par ses excentricités et son
manque d'habitude à parler en public, il amusera
tout simplement la galerie.

Cependant, rien d'intéressant, rien de puissant
comme le témoignage d'un buveur relevé et solide-
ment converti à Jésus-Christ. C'est certaine-
ment le complément indispensable d'une séance
intéressante et bénie.

La prière de la fin

Si nous avons quelque hésitation à commencer
une séance par la prière, nous n'en avons plus
quand il s'agit de terminer la séance. Bien plus,
une séance de la *Croix-Bleue*, où l'on veut persuader les victimes de l'alcool que l'abstinence est

une nécessité pour eux, et l'engagement pris, avec Dieu, la meilleure des choses, ne peut pas se terminer sans la prière. Une séance dirigée du commencement à la fin sans lecture biblique et sans prière est d'une inconséquence malheureuse et regrettable.

C'est très édifiant d'entendre prier quand le cœur prie et que l'on parle à Dieu comme à quelqu'un qui est là et qui nous est nécessaire.

S'il est important de commencer à l'heure, il est aussi utile de terminer à une heure déterminée. C'est un spectacle peu édifiant de voir une assemblée qui se disperse peu à peu avant d'avoir reçu le signal de la dispersion donné par le président et par une prière finale. Que toutes choses se fassent avec bienséance et avec ordre, disait Paul ; et nous répétons après lui : Que toutes choses se fassent avec bienséance et avec ordre dans toutes nos séances de la *Croix-Bleue*.

La Collecte

Une séance sans collecte ne nous paraît pas complète. Après les discours, il faut solliciter la coopération immédiate des auditeurs, il faut provoquer chez eux un mouvement de solidarité sous forme d'une offrande à une œuvre pour laquelle ils éprouvent une certaine mesure de sympathie. Il faut faire l'éducation de la volonté en fournissant aux auditeurs l'occasion d'accomplir un acte qui soit une adhésion à l'œuvre de la *Croix-Bleue*. Il y a plus : il faut encourager et même provoquer le désintéressement et la générosité chez beaucoup de personnes qui ont eu l'habitude de dépenser uniquement pour des besoins personnels et souvent égoïstes.

Les Signatures

La réunion est intéressante aussi par les conquêtes faites et les enrôlements qui viennent grossir les rangs. Il est important d'avoir un entretien particulier avec les candidats à l'abstinence. On découvrira parfois que le signataire n'a pas compris la signification réelle de l'engagement. Il a cru entrevoir dans la *Croix-Bleue* une société de secours mutuels ou bien il n'a pas compris qu'il s'agissait d'abstinence totale et non pas uniquement de renoncer aux excès de vin. Parfois aussi, tel buveur a donné sa signature par politesse vis-à-vis de celui qui l'a amené à la Conférence. Des ouvriers sans travail s'enrôlent volontiers dans la *Croix-Bleue* pensant que l'on va les aider à trouver une bonne place. Quelquefois aussi des jeunes gens, farceurs, donnent leurs signatures parce que cela les amuse. Rien de déprimant pour une œuvre comme d'avoir à retrancher les trois quarts des noms lors du recensement annuel. Il faut sans doute presser les buveurs de s'enrôler, mais les signatures prises à la légère font beaucoup de mal à l'œuvre et jettent sur elle un grand discrédit.

Il est important que la personne chargée de recueillir les signatures soit bien qualifiée pour cette partie importante de l'œuvre. Il ne s'agit pas, bien entendu, d'enregistrer purement et simplement des noms, il y a lieu d'approfondir l'impression produite par la réunion, d'éclairer le candidat à l'abstinence et de le préparer ainsi à la lutte qui va s'engager dans sa vie quotidienne.

L'importance que nous donnons au fait de recueillir des signatures nous amène tout naturellement à dire qu'il serait très désirable que la séance ne durât qu'une heure afin de permettre ensuite aux orateurs de prendre contact avec les auditeurs par des poignées de main et des entretiens utiles et profitables.

Nous n'avons rien dit des soirées récréatives où l'on peut introduire des récitations, des dialogues, des solos et des morceaux de musique instrumentale. De loin en loin une soirée de projections lumineuses est fort intéressante et utile, mais, à la longue, plus les moyens sont extérieurs et plus ils s'usent vite. N'oublions jamais qu'il s'agit de relever et de faire œuvre de sauvetage parmi des perdus. L'action individuelle est celle qui porte le plus de fruits durables.

L'organisation financière dans nos sections

~~~~~~~~~~

RAPPORT

Présenté par M. le pasteur A. SEGOND, de Roubaix

Au VIIᵉ Congrès National de la « Croix-Bleue », à Rouen,
19-22 Octobre 1905

Organisation financière ! Voilà de bien gros mots ! N'allez pas croire, chers lecteurs, que nos sections sont de puissantes sociétés, propriétaires d'importants capitaux exigeant une comptabilité très compliquée, un journal, de gros livres, une caisse ouverte à heures fixes et des caissiers, etc. Nos adversaires les marchands de vins, les brasseurs de bière, les distillateurs et les fabricants d'absinthe, disposent de ressources énormes et constituent une puissance économique colossale et redoutable pour les gouvernements ; quant à nous, les chétifs buveurs d'eau, nos ressources sont des plus modestes et c'est des très petits budgets de nos sections que nous allons nous entretenir. Oui, nos ressources sont faibles, parfois insignifiantes, et c'est pourquoi nous devons en rechercher la meilleure utilisation possible, posséder une organisation financière serrée. Plus l'on est pauvre, plus l'on doit avoir de l'ordre, calculer minutieusement ses dépenses et ses recettes, voilà qui est élémentaire mais pas toujours compris et admis. La question que nous allons traiter est donc importante, elle intéresse la vie de nos sections.

Lorsque le jeune David se disposa à combattre le géant Goliath, il descendit dans le lit d'un torrent pour s'y munir de cailloux. Il ne prit pas n'importe quelles pierres, les premières venues, mais chercha et en choisit cinq, bien rondes, bien polies, exactement celles qui convenaient à l'usage qu'il voulait en faire. Et c'est parce que la pierre lancée par sa fronde avait été si bien choisie qu'elle terrassa le puissant géant. Ne faisons donc rien avec négligence ; tout a son importance. N'oublions pas que les sous qui nous sont confiés ont été bien souvent péniblement mis de côté, arrachés au monstre de l'alcool, pour être utilisés contre lui et non pour être gaspillés en dépenses futiles. Nos finances ont leur importance tout comme les signatures d'engagement, les conférences, les chants, etc. *Que tout se fasse avec ordre.* Occupons-nous consciencieusement de nos finances, nous souvenant que si un membre est malade, tous souffrent à la fois.

Autant de personnes, autant d'avis divers. Il n'y a peut-être pas deux personnes ayant exactement la même opinion sur les moyens, les procédés à utiliser pour posséder de bonnes finances. A l'expérience de l'un, un autre opposera sa propre expérience. Les circonstances locales varient à l'infini. Je ne vois donc pas l'utilité d'indiquer mes préférences pour tel ou tel procédé, ce serait m'exposer sans profit réel à la contradiction. Le but de mon travail doit être de rechercher ce qui nous unit. Mon effort sera donc consacré à exprimer et à poser les *principes* qui doivent être à la base de toute sérieuse organisation financière et sans lesquels on ne possède pas d'organisation financière.

1er PRINCIPE. — Ayez un *trésorier*. — Il est désirable que les sections jeunes ou faibles sortent le plus vite possible de la phase où le président est tout, concentre tous les pouvoirs, cumule toutes les fonctions. Il ne faut pas que le trésorier soit uniquement ce qu'on appelle « une bonne âme », c'est-à-dire un brave homme ou une brave femme, toujours disposé à rendre service, mais n'entendant rien du tout aux comptes, manquant d'ordre, de mémoire, de notions de calcul. Le trésorier doit savoir additionner, multiplier, diviser et soustraire sans commettre une erreur par opération : il doit comprendre la minutie et le sérieux de sa fonction. Prenez garde aussi que le trésorier ne soit trop absorbé par ses comptes, et craignez que les comptes ne deviennent la seule affaire du trésorier à l'exclusion des autres membres. Pour éviter ces dangers, les sections feront bien d'exiger de fréquents, (mensuels si possibles), rapports financiers détaillés et le trésorier se souviendra que l'œuvre de la *Croix-Bleue* n'est pas toute dans ses livres.

2me PRINCIPE. — Établissez un *budget*. — Oui, au commencement de chaque année, prenez une feuille de papier, divisée en deux colonnes et inscrivez d'un côté les recettes, de l'autre les dépenses. Et comme nos sections sont constituées non pour thésauriser, mais pour dépenser, inscrivez d'abord les dépenses indispensables auxquelles vous devez suffire.

1° En tout premier lieu la cotisation d'un franc par membre actif aux Comités national et régional. C'est une dépense sacrée, la première à faire, la dernière à supprimer et seulement après entente avec ces comités. C'est, en effet, une dépense de solidarité : nous affirmons en la payant que nous faisons partie d'un même corps.

La section peut tenir ses séances dans un local emprunté ou dans la cuisine d'un membre, au besoin, mais les Comités régional et national ne peuvent se passer de ressources pour éditer des publications, travailler à l'extension de l'œuvre par la constitution de nouvelles sections, entretenir la vie dans toute la Société par le moyen de visites, etc., etc.

2° En second lieu les dépenses pour frais de local, de chauffage, d'éclairage, etc.

3° Les frais de propagande : affiches, tracts, séances spéciales, fêtes, etc.

4° Frais de voyage des délégués pour lesquels il est parfois préférable de constituer une caisse particulière alimentée par des dons.

Additionnez toutes les dépenses que vous avez jugées indispensables pour votre section, puis faites le compte de vos recettes et voyez si elles suffiront à ces dépenses. Sans budget, il est impossible d'avoir de l'ordre, de voir clair dans ses finances. Le budget est la base de toute organisation financière.

3ᵐᵉ Principe. — N'acceptez pas de *déficit*. — Il peut toujours arriver accidentellement que vos comptes bouclent par un déficit, mais ce phénomène doit rester phénomène, c'est-à-dire : ne pas se représenter à chaque exercice, ne pas devenir une habitude. Rien ne lasse comme un déficit perpétuellement renouvelé. Si vous avez l'inappréciable privilège de posséder, parmi vos membres, une personne aisée qui prenne à sa charge la plus grosse partie du déficit annuel, vous déshabituerez les autres membres de donner : ils compteront toujours inconsciemment sur le gros donateur. Avez-vous un déficit annuel ? C'est que vos membres ne font pas tout leur devoir, ou que vous dépensez trop : restreignez alors vos dépenses.

4° Principe. — Exigez de chacun de vos membres une *cotisation* mensuelle minimum. Fixez le chiffre de cette cotisation aussi bas que l'exigent les circonstances locales et que le permettent les dépenses à effectuer[1], mais il doit être admis que chacun paie une cotisation : c'est l'égalité. C'est un devoir et c'est un privilège. C'est un devoir : on n'est pas digne de faire partie de la *Croix-Bleue* si l'on ne sait pas donner au moins deux sous par mois pour la cause. C'est un privilège, surtout pour nos amis, les anciens buveurs, qui peuvent ainsi exprimer leur reconnaissance pour la Société qui a été le moyen de leur salut. Je me souviens encore de cette brave femme, à la-

[1] A Roubaix, la cotisation minimum est de 0.10. Les cotisations au groupe du Nord et au Comité national sont payées régulièrement. Nous ne connaissons pas le déficit.

quelle on m'avait chargé d'annoncer qu'elle serait
dispensée de payer la cotisation de son mari, vu la
grande misère où elle se trouvait (son mari chô-
mait depuis six semaines et elle avait quatre enfants à nourrir). Elle protesta avec chaleur :
« Comment, je ne pourrais pas seulement donner
deux sous par mois pour la société ! Lorsque mon
mari buvait, c'était plus de dix centimes par di-
manche qu'il dépensait, et il fallait bien que je
m'arrange ! Laissez-moi payer, ce n'est pas ça qui
va me ruiner ! » Je fus heureux de retirer mon
offre devant une telle protestation. Le cœur des
buveurs relevés devrait toujours parler ce langage
et étouffer la voix de l'intérêt égoïste. Hélas ! ce
n'est pas toujours le cas.

S'il devient nécessaire, à un moment donné, de
s'assurer plus de ressources, que l'on organise des
collectes, des ventes, etc., que sais-je ! mais que
les ressources, ainsi acquises, demeurent extraor-
dinaires. La base financière de la section doit être
la cotisation des membres. C'est elle qui assurera
la marche régulière de la section et la privera des
déconvenues amenées par les départs, les collectes
insuffisantes, les ventes que les circonstances
peuvent contraindre à renvoyer à une date ulté-
rieure, etc.

Tout membre de la *Croix-Bleue* devrait recevoir
à son entrée dans la section, en même temps que
sa carte d'engagement, une carte de cotisation
portant son nom. Cette carte lui rappellera cons-
tamment son devoir et un timbre appliqué par le
trésorier indiquera les paiements déjà effectués
(système qui prévient toute discussion possible
entre le trésorier et les membres).

Voici un modèle de carte de cotisation :

SOCIÉTÉ FRANÇAISE DE TEMPÉRANCE
de la Croix-Bleue

Section de Roubaix

Nom :

JANVIER	FÉVRIER	MARS	AVRIL	MAI	JUIN
PAYÉ	PAYÉ	PAYÉ	PAYÉ		

JUILLET	AOUT	SEPTEMBRE	OCTOBRE	NOVEMBRE	DÉCEMBRE

Ces cartes reviennent à 6 ou 7 fr. le mille.

On peut aussi faire établir un petit carnet renfermant la carte d'engagement et la carte de cotisation, ce qui est plus pratique.

En voici un modèle :

Société Française de Tempérance de la Croix-Bleue

Section de ....

Je promets, avec l'aide de Dieu, de m'abstenir pendant 6 mois de toute boisson enivrante sauf usage religieux ou ordonnance médicale.

Nom..

Durée de l'engagement : Du 9 août 1905, au 8 janvier 1906.

CARTE DE COTISATION

Je m'engage à payer régulièrement une cotisation annuelle de.............................

JANVIER	FÉVRIER	MARS	AVRIL	MAI	JUIN

JUILLET	AOUT	SEPTEMBRE	OCTOBRE	NOVEMBRE	DÉCEMBRE
	PAYÉ	PAYÉ			

J'estime que cette question de la cotisation est capitale pour nos sections. De même que chaque membre a donné sa signature, il faut qu'il donne ses sous ou sa pièce blanche mensuelle. On s'intéressera à la société dans la mesure où l'on aura consenti des sacrifices pour elle. C'est une condition d'indépendance : il déplaît, en effet, à nos sentiments démocratiques que les finances d'une section dépendent trop exclusivement de quelque

généreux bienfaiteur ou de quelque généreuse
bienfaitrice, même profondément dévoués à la
cause de la *Croix-Bleue*. Le peuple ne veut rien
devoir à personne à part les dettes de reconnaissance et d'amour qu'il est en son pouvoir de payer
et de payer largement. Bien chers amis et amies
qui nous aidez de votre argent, ne trouvez-vous
pas que ce sont là des sentiments infiniment res-
pectables et qu'il faut encourager de toutes nos
forces ? Ne cessez jamais de nous soutenir, nous
avons besoin de vous, mais donnez pour des buts
spéciaux indiquant une attribution précise ou bien
à l'occasion de circonstances particulières ; et n'ou-
bliez pas que la Caisse du Comité national est
toujours là et qu'elle reçoit tous les dons si gros
soient-ils.

Il est extrèmement important que nos membres ne s'habituent pas à compter sur autrui au
lieu de compter sur eux-mêmes. Faire donner les
autres est à la portée de tout le monde et c'est infiniment plus facile, plus commode que de donner
soi-même. Une collecte, une vente n'ont pas assez
produit, n'est-ce pas la faute des autres, durs et
égoïstes ? Ah ! si nous avions de l'argent, nous
ferions ceci, nous ferions cela ! — Vous
l'avez cet argent, chers amis, il est dans vos
poches. Ne remplacez donc jamais la cotisation
par un autre mode de faire. Un effort spécial
peut évidemment s'imposer à un moment donné :
propagande intensive par affiches, campagne de
tempérance, etc.; alors, mais alors seulement,
après avoir mesuré les ressources de votre
section, organisez soit une collecte à domi-

cile, soit une vente, soit des soirées payantes, soit
tout cela à la fois ; installez dans votre local une
tire-lire avec l'indication du but précis pour lequel on sollicite les dons.

Vous le voyez, chers amis, je me suis contenté de
formuler des principes, d'essayer de tracer les limites
très larges dans lesquelles peuvent se donner libre
carrière l'ingéniosité grande et l'imagination de nos
présidents, trésoriers et membres. Mon désir est
que cette brève étude aide toutes nos sections à
organiser sérieusement leurs finances ou tout au
moins attire un instant leur attention sur ce côté,
trop souvent négligé, de leur activité.

⁂

« De l'argent ! il nous faut de l'argent ! » C'est
le refrain monotone qui nous parvient de divers
côtés et que nous renvoient tous les échos. Il nous
faut de l'argent, clame le congrès · anti-tubercu-
leux ; il nous faut de l'argent, redisent avec insis-
tance nos corps ecclésiastiques, nos sociétés de
mission et d'évangélisation, notre *Croix-Bleue*...
Tu es bien vengé, Mammon, du mépris dans lequel
t'a tenu le Christ. Il disait : « Vous ne pouvez
servir Dieu et Mammon, car vous haïrez l'un et
aimerez l'autre, ou vous vous attacherez à l'un
et mépriserez l'autre » ; et aujourd'hui ses disciples modernes s'écrient : « L'argent est le nerf
de la guerre !... »

Oui, certes, l'argent est le nerf de la guerre, on
l'a bien vu lorsque les financiers de Paris ont re-
fusé leurs millions au tzar de Russie pour le

contraindre à conclure la paix. Mais la guerre est impie et tout ce qui y touche est impie. N'appliquons donc jamais ce dicton impie à notre œuvre qui a pu être comparée à une guerre, mais à une guerre divine, entreprise au nom du Dieu de sainteté et d'amour avec les armes du dévouement et de l'amour fraternel. « Or, l'amour ne fait point de mal à autrui. » — Ne courbons jamais notre front altier destiné à regarder le ciel, devant le faux-dieu moderne, si puissant et si séduisant soit-il ! L'esclavage est au bout ! Les questions financières ont leur place légitime dans nos préoccupations, mais il faut qu'elles restent à leur place, et cette place est très inférieure : elles ne doivent pas nous hanter, nous absorber. Après tout, ce ne sont pas toujours les sections qui dépensent le plus qui font le plus de conquêtes, et j'en sais, ayant rarement quelques sous en caisse, qui, cependant, voient de grandes choses. Mammon n'engendre que Mammon ; pour engendrer la vie et l'amour, il faut dépenser de la vie et de l'amour. *Le nerf de notre guerre* pour Christ et pour la délivrance de nos frères buveurs, ce n'est pas et ce ne sera jamais l'argent, *c'est le don de soi-même !*

A VOL D'OISEAU

RAPPORT

Présenté par M. le pasteur MONOD

Au VII° Congrès National de la « Croix-Bleue », à Rouen,
19-22 octobre 1905

Désigné au programme pour apporter ici une
« communication », je me bornerai à vous communi-
quer, très simplement, les impressions qui se
dégagent, pour moi, de notre Congrès. En effet,
les circonstances m'ayant tenu éloigné de vos
dernières assemblées générales, j'ai éprouvé, en
reprenant contact avec les militants de la *Croix
Bleue*, des sensations neuves, pour ainsi dire, et
des sentiments qui avaient presque la fraîcheur de
l'imprévu.

Tout d'abord, ce qui m'a vivement frappé, c'est
la délicieuse atmosphère de simplicité, de joie,
d'amour fraternel, qui n'a cessé de nous envelopper. Décidément, on ne respire pas, ici, l'air
de certaines assemblées ecclésiastiques ; vous
avez réalisé la fusion des classes, et même des
théologies, sur le terrain des expériences com-
munes, de l'action pratique ; vous fournissez la
solution d'un difficile problème, insoluble théoriquement, vous prouvez que l'orientation des volontés vers le même but opère la solide union des
cœurs.

Oui, des abîmes ont été comblés, ici même,
entre les uns et les autres. Quel contraste, en effet,
poignant, radical, entre les anciens buveurs et
ceux qui n'ont jamais été victimes de l'alcool !
Pour ceux-ci, quels souvenirs ! quelles cicatrices !
quelles angoisses à peine assoupies ! Je voudrais
dire à ces amis, qui ont traversé la fournaise :
« Ne croyez pas que vos émotions nous aient
échappé, alors que tel ou tel décrivait les souffrances du buveur, ou les tares persistantes qui
risquent de stigmatiser sa mentalité. Nous avons
suivi, sur votre visage, le reflet de votre agitation
intérieure. Eh bien ! si vous êtes les enfants pro-
digues revenus à la maison paternelle, nous voulons, nous, sur un point tout au moins, modifier
la parabole évangélique ; oui, nous voulons être
pour vous des frères aînés au cœur... fraternel,,
des frères aînés qui accueillent sans arrière-pensée
les fugitifs repentants, qui les serrent contre leur
poitrine, et qui s'efforcent de leur faire oublier
l'inoubliable.

Mais quelqu'un dira : « Si vous prenez tout au
tragique, vous avez raison ; toutefois, ne nous
parlez plus de la joie qui caractériserait, selon
vous, les assemblées de la *Croix Bleue.* » — Ah ! que
voilà encore un de ces cas où la froide logique se
montre incapable d'embrasser la vie en sa chaude
et riche complexité. J'en appelle à tous ceux qui
ont lutté, sous une forme ou sous une autre, pour
la rédemption du monde : est-ce que ce combat
douloureux, poignant, n'est pas la source d'une
allégresse intense ? On chante parmi nous, on
chante beaucoup et gaiement ; on sait sourire et

même rire. Encore une fois, tout cela s'explique ;
car, sur le terrain de l'antialcoolisme, nous sommes tous des gens libres, libres à l'égard de la
mode, libres à l'égard de l'opinion, libres à l'égard
de certaines traditions familiales ou nationales,
libres à l'égard de toute récompense humaine, de
tout honneur mondain ; à ce point de vue, nous
n'attendons rien de personne, et nous marchons
simplement, loyalement, la main dans la main, les
yeux fixés sur l'étoile de l'amour sauveur, notre
idéal. Le sacrifice, lourd ou léger, que nous avons
tous consenti, en renonçant à toute boisson dis-
tillée ou fermentée, nous assure une élasticité physique, une alacrité morale, qui justifient amplement notre belle humeur. Je suis certain d'être
approuvé par ceux là même qui, à l'atelier, sur le
chantier, au foyer domestique, sont raillés, calom-
niés, vilipendés parfois, à cause de leur ferme et
sainte intransigeance à l'égard de l'alcool.

Cela dit, et pour ne pas tomber dans le travers
des sociétés d'admiration mutuelle, vous me per-
mettrez d'ajouter quelques observations moins
agréables à entendre. En effet, vous ne voulez pas
ressembler à ces congressistes philanthropes qui,
réunis dans un banquet de clôture, s'amoncellent
réciproquement sur la tête un tel amas de fleurs,
qu'on se croirait transporté dans un de ces festins
de la Rome impériale où les roses pleuvaient,
pleuvaient, sur les convives, au point de les ense-
velir. Vous-mêmes, au surplus, vous avez loyalement signalé quelques points noirs dans le bilan
de votre généreuse activité. Un des problèmes

qui s'imposent encore à vous, même dans telle section très vivante, est celui-ci : *Que faire des anciens buveurs ?* Comment les garder sans les occuper ? Mais comment les occuper sans les perdre, parfois ?... Que dis-je ? un autre problème a été soulevé ici, malgré les années de propagande pratique et d'expérience quotidienne qui devraient, semble-t-il, avoir amplement renseigné nos militants, et ce problème est, tout simplement, celui-ci : *Comment sauver le buveur ?* J'entends bien que nous sommes fixés, théoriquement, sur la seule réponse adéquate à la question. Mais, dans la réalité, l'application de nos principes n'est pas toujours couronnée de succès ; certains de nos groupes existent, mais vivent-ils ? On a pu entendre tel ou tel rapport de section, où la sauce jouait un plus grand rôle que le poisson. Et alors, des amis se demandent, après avoir longtemps besogné dans tel ou tel endroit : En quoi nous sommes-nous trompés ? Pourquoi semons-nous sans récolter ? Faut-il changer de local, ou de langage, ou de méthodes ?

Voilà des questions que vous avez eu le courage de soulever. Aussi, je ne crains pas de poursuivre dans la même voie, et de vous signaler — avec un esprit de fraternelle franchise — quelques dangers qui menacent l'activité de la *Croix Bleue*, sur le terrain même de ses principes les plus éprouvés. Je veux parler de notre base religieuse, et de l'affirmation fondamentale que nous travaillons avec l'aide de Dieu.

Je m'explique.

Tout d'abord, n'est-il pas vrai que la conviction d'accomplir œuvre divine, risque parfois de fermer nos yeux aux difficultés réelles de l'entreprise ? On se dit : « L'Eternel pourvoira ! » et l'on néglige d'étudier à fond les problèmes théoriques ou pratiques. On avance à l'aveuglette, avec une belle insouciance, qu'on décore du nom de foi, et qui ressemble un peu à de la paresse intellectuelle. Or, si nous voulons agir sur nos contemporains, il faut nous rappeler qu'un des caractères de l'esprit moderne est le souci de la précision dans le détail, de la méthode scientifique ; la réaction contre la rhétorique sentimentale et le romantisme pompeux a été poussée tellement loin, que notre génération en est venue à suspecter, comme trop nuageux, les principes de l'idéalisme. N'y a-t-il pas là un avertissement pour nous ? Nos journaux religieux se meuvent, trop souvent, dans le vague, dans l'irréel ; on s'y paie quelquefois de mots sublimes et mal définis, comme s'il suffisait de prononcer certaines formules magiques pour changer le monde. Mais ce monde, quel est-il exactement ? Où est le point d'application entre l'Evangile et notre génération ?

Pour savoir exactement ce que l'on ose, et à quel ennemi l'on s'attaque en combattant l'alcoolisme, il faut connaître les racines sociales du fléau et sa puissance économique. De même que les vastes conflits de la politique internationale se résolvent, à l'analyse, en rivalités d'usines métallurgiques âpres à écouler leurs produits spéciaux, rails de chemins de fer ou canons, de même les décisions du suffrage universel, au sein

de la démocratie réputée souveraine, sont inspirées
par les intérêts primordiaux des innombrables
électeurs qui vivent, directement ou indirecte-
ment, de l'alcool ; au Parlement, tous les partis
s'effacent devant l'hégémonie de la boisson ; il n'y
a plus de royalistes ou de radicaux, d'opportunistes
ou de révolutionnaires, il y a les viticulteurs du
midi ou les distillateurs du nord, les fabricants
de cognac ou les bouilleurs de cru.

Cela étant, nous méconnaissons notre tâche en
négligeant de préciser la route à suivre, la nature
et la portée des obstacles à vaincre. Sans doute,
il est vrai, dans un certain sens, que cette sublime
formule suffit à tout : « Travailler pour le royaume
de Dieu ! » Cette assurance est notre viatique,
elle ennoblit nos moindres efforts et nous console
des plus rudes échecs... Néanmoins, cet idéal,
par son ampleur même, par sa rayonnante beauté,
risque de nous griser. Et c'est ici que les extrêmes
se touchent : à force de se persuader que rien
n'est vain, dans le service de Dieu, on finit par
se figurer que tout revêt une égale importance,
et une doctrine d'action devient une doctrine de
paresse. A force de contempler l'avenir, on cesse
d'observer le présent ; à force de marcher par la
foi, on ne marche même plus par la vue ; pour
tout dire, en un mot, on se paie d'illusions.

Ainsi donc, notre base religieuse, quand elle
est mal interprétée, peut quelquefois dispenser de
l'*étude*.

J'ajoute qu'elle peut aussi dispenser de l'*humiliation*. Et, en effet, celui qui a prié avant d'agir
est parfois tenté de rejeter sur Dieu même la res-

ponsabilité de l'insuccès. Or, il convient toujours d'être sobre de conclusions pareilles ; elles cachent fréquemment de singulières aberrations. Comment jugerait-on un agriculteur qui, par la prière, essaierait d'obtenir une belle moisson, sans avoir d'abord labouré la terre? Ou comment jugerait-on un missionnaire qui, par la prière, s'efforcerait d'obtenir des conversions en s'évitant les labeurs de la prédication parmi les païens? Il ne faudrait pas juger différemment l'apôtre de l'abstinence qui prierait juste assez pour tranquilliser sa conscience, en présence des piètres résultats d'une activité sans vigueur.

Il est trop facile, en effet, de se justifier par des raisonnements de ce genre : « Dieu n'a pas béni mes efforts ; que sa volonté soit faite ! » Ou encore : « L'insuccès ne me surprend point, c'est l'accomplissement d'une prophétie biblique. » Ou encore : « Il ne m'est pas ordonné de réussir, mais seulement de rendre témoignage à la vérité. » Ou encore : « Le cœur humain est désespérément mauvais. J'aurais dû me rappeler l'avertissement du Christ : Ne jetez pas vos perles devant les pourceaux ! »

En ce qui regarde ce précepte de Jésus, il m'est bien difficile d'y voir l'expression suprême de son âme, la quintessence de sa compassion rédemptrice. J'y reconnais, plutôt, un de ces dictons pittoresques, une de ces maximes populaires, que le Messie utilisait à propos. En vérité, à celui qui oserait se prévaloir de telles paroles pour mépriser, ou pour condamner, la foule indifférente à ses propres appels, il faudrait montrer silencieusement le Calvaire, cette mystérieuse colline du crâne où le Sauveur, répandant son sang pour les pécheurs, distribua aux impurs une richesse autrement précieuse que des perles.

Non, non, la prière ne doit pas nous détourner de l'humiliation personnelle.

Enfin, le principe de la foi en Dieu risque souvent de nous rendre *injustes* envers ceux qui ne partagent pas la même foi. Ne vous est-il pas arrivé de dire : « Ces gens-là ne réussiront point, car ils ne s'appuient pas sur l'Evangile ; en dehors de l'inspiration religieuse, toute propagande antialcoolique est frappée de stérilité » ? Ce langage ressemble fort à celui des Israélites qui se targuaient d'être le peuple chéri de l'Eternel, à l'exclusion des autres nations. Mais vous savez comment les prophètes ripostaient, en ces mots : « L'Egypte aussi est l'élue de Jéhovah, et l'Assyrie est l'instrument choisi de ses volontés. »

Entendons-nous bien sur le sens du mot « succès » quand nous refusons aux autres militants de l'antialcoolisme la capacité de réussir. Assurément, il est une œuvre spirituelle, surnaturelle, celle-là même qui fait notre gloire, et que des incrédules ne sauraient accomplir. Mais il ne faut pas leur dénier la part d'influence légitime et réelle qui leur revient. N'est-ce rien que la propagande méthodique dans l'Université et dans l'armée ? L'interdiction de l'eau-de-vie, dans les cantines militaires, est un bienfait. La fermeture des débits par voie législative, et la suppression du commerce de l'absinthe, sous la pression de l'Académie de médecine, constitueraient des vic-

toires éclatantes... Rappelons-nous donc la vérité
que l'Évangile a mise en lumière par la doctrine
de l'Incarnation. Dieu agit par l'humanité, il se
manifeste par l'action bonne, partout où elle s'accomplit ; et, dès lors, si nous essayons de mono-
poliser Dieu, nous ne péchons pas seulement
contre la morale, mais contre l'essence même de
la religion évangélique.

Toutefois, que nul ne se méprenne sur le sens
des observations qui précèdent. Il est un domaine,
en effet, je le répète, où la foi en Dieu trouve à se
déployer dans toute son ampleur, dans toute sa
vigueur, et c'est précisément le domaine où
s'exerce notre activité spéciale : le relèvement des
buveurs. Il y a quelque chose d'héroïque dans un
pareil programme ; oser le concevoir seulement,
c'est se ranger parmi les insensés qui portent le
sceau de la folie évangélique. Relever un ivrogne,
c'est-à-dire guérir un malade, sauver un pécheur,
c'est un chef-d'œuvre de l'audace humaine et de la
grâce divine. Tout pâlit à côté de ce miracle où
rayonne, éblouissante, la vertu du Saint-Esprit.
Témoins de ce prodige, comment ne pas nous écrier
avec l'apôtre : « Je n'ai point honte de l'Évangile,
c'est une puissance ! »

Et, en même temps, comment ne pas nous humi-
lier ? Au moment où le souffle du Réveil religieux
passe mystérieusement sur la chrétienté, comment
ne pas « nous offrir par les humiliations aux ins-
pirations ? » Comment ne pas implorer les révéla-
tions de l'esprit de sacrifice, nous qui portons
comme insigne, sur notre poitrine, l'image de la
croix rédemptrice ? Le monde a, plus que jamais,

besoin de disciples authentiques du Christ. Nous assistons, en effet, à un spectacle tragique, sans précédent peut-être, dans l'histoire de l'humanité ; l'imagination demeure accablée devant l'immensité du forfait qui consiste à détruire, systématiquement, le bourgeon terminal où sont venus se condenser les labeurs séculaires d'innombrables éons, la fleur lentement formée de la douloureuse Evolution, le fruit tardif et glorieux du Progrès cosmique, je veux dire le cerveau humain. Notre génération — ô démence criminelle ! — s'acharne contre l'instrument délicat de la pensée, contre la cellule nerveuse qui, seule, distingue l'homme de l'animal, si bien que la race humaine, aujourd'hui, nous offre le spectacle terrifiant d'un fou furieux qui essaie de se briser la tête. Oui, l'alcool pourrait venir à bout de l'humanité. Et l'on voit des Européens — ô ironie ! — en buvant leur absinthe, discuter sur le « péril jaune »... Malheureux ! le vrai danger, pour la race aryenne, c'est le *péril vert*.

Que notre Société de la *Croix Bleue* ne craigne donc pas de jeter un cri d'alarme au sein de nos églises menacées, elles aussi, par les poisons homicides. Qu'elle ait le courage de lancer un avertissement aux chrétiens qui redoutent les conséquences financières de la suppression du Budget des cultes. Qu'elle ose dire à ces trembleurs : « La question d'argent n'existerait même pas, si l'on répondait à la séparation des Eglises et de l'Etat par *la séparation des Eglises et de l'Alcool*! »

TABLE DES MATIÈRES

CAHORS, IMPRIMERIE A. COUESLANT. — 8350

www.ingramcontent.com/pod-product-compliance
Lightning Source LLC
Chambersburg PA
CBHW052056270326
41931CB00012B/2782